ALAIN PHILIPPE

ALMANACH DU CHASSEUR

2021-2022

CPE Almanach des Terroirs de France

AVANT-PROPOS

Alain Philippe

Nous vivons une drôle d'époque !

Imaginez qu'un visionnaire dans les années 2000 décrive la situation liée au Covid que nous subissons depuis plus d'un an. À l'entendre, j'aurais bien évidemment éclaté de rire et je me serais gentiment moqué de lui, tout en le traitant d'illuminé. Comme quoi ! Par contre, il est indéniable que cette épidémie qui a bouleversé notre manière de vivre nous laissera des séquelles pour le futur.

La pratique de la chasse, comme bien d'autres, n'a pas été épargnée par les confinements. J'imagine que certaines professions liées à notre passion, comme armuriers, éleveurs de gibiers, encartoucheurs, responsables de salons, en fait la plupart des multiples métiers découlant de la chasse, auront bien des difficultés à reprendre une activité normale.

Par obligation, les chasseurs ont prélevé un peu moins de sangliers au cours de la saison passée. Et comme l'hiver a été particulièrement doux, il est facile de prévoir une croissance significative de la population des suidés dans les mois à venir.

Depuis 1968, les remboursements des dégâts faits par les bêtes noires aux cultures sont entièrement financés par les chasseurs qui paient non seulement une taxe à travers la validation de leur permis, mais qui s'acquittent, en plus, de taxes supplémentaires pour alimenter le compte d'indemnisation des dégâts de grands gibiers géré par leur fédération départementale. Il semble évident que sans une réforme urgente dans laquelle l'état participerait financièrement à ces paiements, que la trésorerie de certaines de nos fédérations départementales risque d'être grandement défaillante.

Pour terminer, j'avoue que je ne supporte plus toutes ces attaques, ces dénigrements journaliers et les violences incessantes sur tout ce qui a trait à la chasse et à la pêche, causés par une minorité d'excités bien éloignés de la vie rurale. Comme cette campagne d'affichage de la fondation Brigitte Bardot qui est une apologie de la stigmatisation, une incitation à la violence et à la haine. La chasse et la pêche sont deux activités légales reconnues par l'État. Tous débordements et toutes les formes d'agression doivent être punis.

Comme les millions de Français qui pratiquent ces loisirs, ceux-ci exigent de leur part un investissement personnel et une parfaite connaissance de la nature.

Comme d'autres, je suis fier de mes passions, droit dans mes bottes, assuré que nous, les chasseurs, sommes les seuls vrais écologistes en France.

Bonne saison à tous.

PRÉFACE

Patrice Février

Fervent lecteur des Almanachs du chasseur, je sais exactement combien de décennies se sont écoulées depuis le jour où j'ai connu Alain Philippe, car malgré les années écoulées, notre première rencontre, en 1987, reste inoubliable. Avec d'autres journalistes cynégétiques, j'avais été invité par l'ONF à venir passer une journée de chasse à Auberive, station pilote de cinq cent vingt et un hectares entièrement close dans laquelle était suivie, gérée et chassée des sangliers élevés en parc.

Cette région du Grand est, proche de fameux territoires de chasses comme Chaumont, le plateau de Langres, Arc-en-Barrois... n'offrait pas une route très plaisante à cette époque. De ce fait, un de mes bons amis, Jacques Siméon, me demanda si je pouvais l'emmener, ainsi qu'un de ses collègues dont j'allais faire la connaissance. Je rencontrai ainsi Alain pour la première fois. Il était sympathique, amusant, et nous prîmes joyeusement la route. Nous étions tous ravis de partir ensemble, avec le but de passer le temps en discutant, sans être lassés par les kilomètres.

Il se trouvait que j'étais venu chasser à Auberive quelques semaines auparavant et que j'avais passé dans ce parc un excellent moment, tant à cause de la chasse elle-même que de l'accueil que j'y avais reçu. Je racontais donc à mes amis que ce territoire était accueillant et que les gens qui le géraient étaient vraiment agréables. Au fil des kilomètres et du froid grandissant, nous arrivâmes à l'hôtel où nous avions retenu tables et chambres. Après avoir déposé nos affaires, nous descendîmes à la salle à manger. Alain, qui faisait le tour du propriétaire, nous interpella : « Venez voir, nous dit-il les yeux brillants, voilà ce qu'il nous faut ! » De beaux homards, venus de leur lointaine Bretagne, attendaient dans un bassin le sort qu'on peut imaginer. Alain ne fit qu'un bond jusqu'à la direction et il en revint aussi vite, tout déconfit : « Ils sont tous réservés ! » Bien que déçu, je fus très impressionné par son effort. Le lendemain dans la voiture, je remontais le moral de mes amis en leur promettant une journée de chasse « super ! »

Une fois reçus, nous fûmes emmenés dans une espèce de salle de classe avec tableaux noirs. Là, un agent technique nous dit en souriant que l'on nous avait invités pour nous présenter une nouvelle méthode de chasse. Par là-dessus, un autre agent nous infligea un exposé mathématique sur la gestion de la bête noire, soutenu par des chiffres au tableau noir. Le tout dura... une heure. Pour finir, on nous donna un petit ticket marqué « 1 ». En clair, chacun avait le droit de tirer un sanglier mâle de moins de quarante kilos. Si c'était une femelle, nous avions deux mauvais points. Si c'était un mâle de plus de quarante kilos, on récoltait encore deux mauvais points, etc. Jusqu'à la grosse femelle de plus de cent kilos qui était tellement interdite que le brillant orateur ne pouvait même pas imaginer que cela puisse arriver ! Vous pouvez imaginer les lazzis, quolibets et autres moqueries, balancés sournoisement par mes deux camarades assis à côté de moi.

J'étais sidéré de ce que je venais d'entendre et un peu vexé de leur avoir promis une chasse de rêve.

Notre petit ticket en poche, on nous plaça pour une première battue. Résultat : un petit sanglier de sexe mâle fut tué. Notre confrère avait bien fait, et tiré son unique point. La seconde battue fut nulle : pas de gibier. On nous plaça ailleurs pour la troisième traque. Et là, ce fut un vrai tsunami ! Face à des sangliers qui défilaient par dizaines, un chasseur, que nous ne connaissions pas, certainement très énervés par les contraintes imposées, se mit à tirer (très bien d'ailleurs) sur tous les animaux qu'il voyait. Nos confrères journalistes, qui avaient mal digéré le sermon imposé du début, se mirent eux aussi de la partie. Je peux vous certifier que les sangliers, mâles ou femelles, avec ou sans ticket, passèrent là un sale quart d'heure ! Par contre, quand la battue fut déclarée terminée, ce fut notre tour ! Le directeur, vert de rage, vint nous dire que la chasse était terminée. Et que vu notre attitude, nous ne pourrions, dans le futur, tout au plus venir visiter les installations. Ce qui fut le cas ! Au résultat, il y avait... vingt-six sangliers de toutes sortes au tapis, plus quelques blessés à rechercher le lendemain. Pour ma part, j'avais été plutôt mal placé, mais j'avais quand même envoyé « *ad patres* » un beau suidé d'une centaine de kilos, mais l'honneur était sauf, car c'était par chance un mâle ! Quand il fut un peu calmé, le directeur demanda le nombre de balles que nous avions tirées. Il en avait été dénombré moins d'une cinquantaine. Là, amer, celui-ci dut reconnaître que nous tirions vraiment bien !

Notre retour fut euphorique ! Par moment, nous étions même au bord des larmes... de rire bien entendu. Et c'est ainsi en 1987 que Alain et moi fûmes désormais amis... sans ticket modérateur !

SOMMAIRE

ENTRETIEN AVEC

Bruno Meunier, président du CNB

Bruno MEUNIER est un homme à facettes. Cet instituteur de soixante-cinq ans à la retraite est un passionné de chasse en général, et encore plus particulièrement de celle de la bécasse au chien d'arrêt, pratique qui demande un savoir-faire indéniable. Bruno Meunier vient d'écrire un livre, une bibliographie des textes bécassiers qui a pour titre, « Autour de la bécasse ». Cet ouvrage, qui est un monument, décrit et mentionne en cinq cents pages, les meilleurs passages de la quasi-totalité des livres ayant été écrit sur la Mordorée. Bruno Meunier a été aussi élu en 2019, Président de la Fédération des chasseurs de la Charente, puis la même année, président de la Fédération régionale des chasseurs de la Nouvelle-Aquitaine. Avec près de 210 000 adhérents et douze départements, la Fédération régionale des Chasseurs de Nouvelle-Aquitaine est la plus importante de France. Intrigués par son parcours, nous lui avons posé quelques questions.

Alain Philippe : ***Bonjour Bruno Meunier. Je viens de commencer à lire*** **Autour de la bécasse*****, livre que je trouve passionnant. Je dis bien commencer, car le contenu de cette biographie est tellement riche, instructif et captivant pour le bécassier que je suis, que je prends bien mon temps pour le découvrir. Pouvez-vous nous décrire son contenu, et nous expliquer comment vous est venue l'idée d'écrire cet ouvrage ?***

Bruno Meunier : Collectionneur de livres cynégétiques et plus particulièrement d'ouvrages sur la bécasse, l'idée me trottait dans la tête de travailler sur ce thème. Une simple bibliographie bécassière ne m'attirait pas forcément. Je souhaitais faire partager à d'autres ce que j'avais pu lire de particulier, de bizarre, d'étonnant, de fantastique sur la bécasse des bois. Il y avait également ce que j'oserai appeler « l'épopée bécassière » des premiers écrits jusqu'à maintenant, où l'on découvre l'évolution des connaissances des mœurs de l'oiseau qui se développer au fil du temps. En discutant de ce projet avec d'autres passionnés, il s'est avéré que se cantonner dans les ouvrages strictement bécassiers était relativement restrictif et qu'il fallait également parler d'ornithologie, de cuisine et des ouvrages cynégétiques généraux qui, quelquefois, recèlent d'informations importantes sur la Mordorée. Les travaux scientifiques, tout comme les revues devaient également être citées. *Autour de la bécasse* s'adresse donc à tous les bibliophiles cynégétiques, mais également à tous les bécassiers, amoureux de l'oiseau et désireux d'en connaître un peu plus sur son histoire.
Chacun y trouvera ce qu'il cherche, que ce soit au niveau de la description de chaque ouvrage décrit ou de son contenu.

AP : ***Combien de temps vous a-t-il fallu pour le réaliser ? Avez-vous eu des difficultés ?***

BM : Il m'est difficile de comptabiliser le temps passé à la rédaction de ce livre. Ce que je peux dire c'est que cela m'a pris plusieurs années et des milliers d'heures. Il a fallu sélectionner les ouvrages après lecture, garder les parties dignes d'intérêt, rechercher des illustrations pour chacune des époques, faire la mise en page.
Dans ce cercle assez fermé, certains au courant du projet m'ont gentiment fait part de leurs trouvailles qui sont venues compléter mon travail. Trois personnes m'ont été d'une grande aide : Gilles Avot, bibliophile passionné qui m'a ouvert sa bibliothèque, Martial Trolliet, qui m'a fait bénéficier de ses conseils d'éditeur et mon ami Jean-Pierre Lepetit qui s'est chargé de la mise en page.

AP : ***Parlez-nous du chasseur de bécasses que vous êtes. Depuis quand êtes-vous un bécassier ? Avec quels chiens aimez-vous chasser ? Quelle est votre région préférée pour chasser ? Quelles autres modes de chasse aimez-vous pratiquer ?***

BM : Cette passion de la bécasse, je crois, est ancrée en moi depuis mes premières années. Nous habitions en face de la maison du « directeur » du collège, comme on l'appelait autrefois. Chasseur aux chiens d'arrêt, c'était le grand copain de mon père qui lui-même était chasseur, mais aux chiens courants. Alors que je n'avais pas encore l'âge de chasser et que j'attendais avec impatience le retour de mon père, celui du « directeur » me fascinait. Il descendait de sa voiture avec sa veste de grosse toile marron, ses cuissards complètement effrangés, accompagné de ses deux setters irlandais, chiens rares à l'époque dans cette contrée du nord Charente. Dans ma tête, les images se bousculaient. De quelles contrées inexplorées venait-il ? D'autant plus quand il me présentait cet oiseau venu d'un autre monde, affublé d'un grand bec et d'un plumage particulier, tout en teintes mordorées. À l'âge de 16 ans, mon père me paya le permis, le fusil et m'équipa. Durant mes premières années de chasseur, je l'accompagnais et c'est le lièvre qui fut au centre de mes préoccupations. Mais ce n'est pas pour autant que j'avais oublié la Reine des bois. Il finit par m'acheter un épagneul breton avec lequel je fis mes premières sorties. Je ne sais pas s'il était issu de grandes lignées bécassières, mais durant son existence, les sorties qui nous menaient au fond des halliers se résumaient à de simples promenades sans qu'il daigne me gratifier du moindre arrêt. C'est à l'âge de vingt-deux ans que je débutais ma carrière de bécassier avec Plume de Lage de Brana, setter Gordon qu'un copain de l'École Normale m'avait fait acheter, chienne qui venait de l'élevage de Jean-Guy Ducom, juge bien connu dans le milieu des Fields. Je chasse maintenant avec des setters anglais. J'aime ces chiens pour leur envergure de quête et surtout, leur attitude féline en présence de l'oiseau. Mes terrains de jeux se situent pratiquement essentiellement dans ma région de naissance, le nord Charente. Bien sûr, ce n'est pas la Bretagne, mais on peut encore s'y amuser quand il n'y a pas pléthore de bécassiers qui arpentent les tènements. En début de saison, j'essaie de trouver quelques perdrix qui se font très rares. Il m'arrive de participer à des battues de chevreuils, mais j'avoue que rester au poste, sans bouger, ce n'est pas tout à fait ma tasse de thé.

AP : ***Parlez-nous de votre parcours au sein du CNB.***

BM : À partir du moment où je me suis intéressé à la bécasse, c'était une évidence pour moi, il fallait que j'adhère au CNB. J'ai envoyé ma demande au président Lefeuvre et j'ai reçu de sa part une réponse positive. C'était en 1987, trente-trois ans déjà ! J'ai ensuite franchi toutes les marches : j'ai été élu à la présidence de ma section charentaise, puis je suis rentré dans le Conseil d'administration national en tant que secrétaire. En 2016, Jean-Pierre Campana étant atteint par la limite d'âge, les administrateurs m'ont fait l'honneur de me porter à la présidence nationale. Je dois beaucoup à Jean-Pierre qui était mon père « es bécasses ». Il m'a accompagné tout au long de ce parcours.
Le CNB est un grand club, qui a su évoluer, qui a su se structurer au moment où il le fallait, au moment où des velléités de restriction du temps de chasse à la bécasse pointaient. Au sein de cette association, on trouve des passionnés, des personnes investies qui ne comptent pas leur temps, des « scientifiques » même s'ils n'en ont pas le titre. Nous avons cosigné avec l'OFB (en son temps l'ONCFS) un article dans la revue ornithologique IBIS (revue de renommée internationale) qui a consacré le travail que nous menons depuis quelques années sur le suivi des bécasses équipées de balises. Grâce au travail mené, nous avons obtenu l'interdiction de la chasse à la croule, de la chasse à la passée, l'interdiction de sa vente et plus récemment la mise en place du PMA.

AP : ***D'après mes amis présidents de fédérations, cette fonction devient, semble-t-il, compliquée à gérer financièrement, du fait principalement des remboursements qu'occasionnent les sangliers, et dont les montants deviennent immaîtrisables. Pensez-vous que cet ancien système consistant à faire payer les dégâts par les chasseurs est obsolète ? Qui alors devrait mettre « la main à la poche » ?***

BM : En effet, la fonction de président de fédération devient compliquée à exercer. Heureusement, la campagne charentaise n'est pas encore à feu et à sang par rapport aux dégâts occasionnés par le grand gibier et en particulier le sanglier. Mais cela impose une vigilance de tous les instants. Une grande partie du temps passé à la fédération est occupée par la gestion de la bête noire et il engloutit une partie importante des finances fédérales : remboursement des dégâts, achat des préventions, remboursement des frais d'expertise des estimateurs… Malgré tout, nous disposons encore de moyens pour travailler sur le petit gibier de plaine et proposer aux territoires des projets associatifs autour du lièvre, de la perdrix et du faisan.

Il est sûr que nous ne tiendrons pas longtemps si rien n'est fait. La FNC est en négociation, actuellement, avec le ministère, sur cette problématique. On attend le résultat de ces négociations pour savoir si cela nous satisfait. En cas d'échec, nous devrons prendre nos responsabilités et envisager des mesures plus radicales. Il en va de la survie de la chasse qui ne devra pas, demain, se cantonner à une régulation massive du grand gibier au détriment des chasses de petit gibier et de migrateurs.
Sur le financement des dégâts, des pistes de réflexion sont ouvertes. Demain, les chasseurs ne doivent pas être les seuls payeurs.

AP : ***Pensez-vous que l'absorption de l'ONCFS par l'AFB soit une bonne chose pour les chasseurs ?***

BM : Je crois qu'on ne peut pas parler d'absorption, mais plutôt de fusion. Est-ce une bonne chose pour le monde de la chasse ? La réponse tient dans notre représentativité. Hier, nous étions treize représentants des milieux cynégétiques sur les vingt-six membres du conseil d'administration de l'ONCFS, aujourd'hui, nous avons trois représentants sur les quarante-trois membres qui composent le nouveau conseil d'administration de l'OFB. Il n'y a pas besoin de grand discours pour comprendre ! À titre personnel, j'aurais préféré garder l'ONCFS avec laquelle nous travaillions à travers les réseaux, sans doute en recadrant les liens qui nous unissaient plutôt que de le faire disparaître.

AP : ***Depuis plusieurs années, nous subissons les attaques de plus en plus fortes d'une minorité des personnes qui se disent être contre la chasse, et dont le chef de file semble être le ministère de l'Écologie. Que préconiseriez-vous pour faire comprendre à nos détracteurs que les chasseurs sont les principaux protecteurs de la nature ?***

BM : Cela passera inévitablement par une communication performante. Nous avons des atouts à faire valoir. Les chasseurs font énormément d'actions en faveur de la biodiversité. Il n'y a pas une association qui fasse plus que nous en matière d'aménagement du territoire. Cela passe par des kilomètres de haies replantées, par des milliers d'hectares de couverts environnementaux, de jachères mellifères, de cultures interrang dans les vignobles, de bandes enherbées… Tout ce travail doit être valorisé, expliqué au grand public. La chasse doit sortir de la coquille dans laquelle elle est restée trop longtemps. Il faut être fier de notre passion, fier de ce que nous pouvons faire pour aménager des territoires souvent très dégradés. Des passerelles avec le monde agricole doivent être bâties. Nos combats sont les mêmes.
Mais cette reconnaissance ne passera que si nous savons être exemplaires dans l'accomplissement de notre loisir. Sachons montrer que nous sommes des acteurs incontournables dans la gestion de la faune et la gestion des territoires de demain.

AP : ***Eh bien, merci Bruno Meunier pour vos réponses.***

CLUB NATIONAL DES BÉCASSIERS

CLUB NATIONAL DES BECASSIERS

LE CLUB NATIONAL DES BÉCASSIERS, QUI SOMMES-NOUS ?

Aujourd'hui, le Club National des Bécassiers fédère 88 délégations départementales regroupées en 12 délégations régionales. Ces nouvelles délégations régionales sont opérationnelles. Le CNB compte 4100 membres répartis sur l'ensemble de l'Hexagone et dans 18 pays, dont :

- 34 bagueurs formés (en relation avec M.N.H.N - O.F.B. - F.D.C)
- 38 lecteurs d'ailes
- 44 observateurs de sites diurnes (aide aux décisions à prendre en cas de gel prolongé)
- 15 observateurs météo (suivi des conditions météorologiques lors des migrations)

Parmi les objets de l'association, l'article 3 des statuts énonce deux articles liés à la protection de la bécasse des bois (Scolopax rusticola) et de ses biotopes ;

- Agir auprès des pouvoirs publics en tout ce qui concerne les méthodes et mesures tendant à améliorer les conditions de cette chasse et la protection de ce gibier
- Contribuer de manière générale à la protection de l'environnement et de la faune sauvage, et plus particulièrement aux conditions de préservation de la bécasse
- Cette protection passe inévitablement par une connaissance approfondie des mœurs de l'oiseau, par une surveillance constante de ses effectifs, par des études sur le milieu forestier (habitat diurne) et les prairies (habitat nocturne) afin de mettre en place des mesures permettant une gestion raisonnée de l'espèce

LES ACTIONS DU CLUB NATIONAL DES BÉCASSIERS POUR UNE GESTION RAISONNÉE DE LA BÉCASSE DES BOIS

Le CNB effectue, depuis plus de 20 ans, tout au long de l'année des recherches fondamentales sur l'oiseau en collectant, en analysant des données biologiques et cynégétiques fournies par ses adhérents, en suivant ses trajets migratoires.

Données biologiques : alimentation, mue, réserves énergétiques, reproduction

- étude de la mue suspendue par lecture des ailes
- prélèvements sanguins et tissulaires
- suivi d'oiseaux équipés de balises Argos
- suivi des conditions météorologiques lors des migrations pré et postnuptiales
- calcul de l'âge-ratio par la lecture des ailes (pourcentage jeune/adulte)
- calcul du sex-ratio par le sexage (pourcentage mâle/femelle)
- calcul de l'IAN (Indice d'Abondance Nocturne) lors des séances nocturnes de baguage

Données comportementales : migration, hivernage

- suivi d'oiseaux équipés de balises
- suivi des conditions météorologiques lors des migrations pré et postnuptiales
- suivi des rassemblements d'oiseaux lors des périodes de gel prolongé
- étude sur les réserves énergétiques corporelles chez la bécasse des bois hivernant dans diverses régions de France. Approche comparative et application à la gestion des populations en cas de gel prolongé. (réalisé par le Dr Mathieu Boos)
- opérations de baguage
- données environnementales : migration, biotope
- suivi de la dispersion des oiseaux en lien avec le réchauffement climatique
- proposition d'aménagements forestiers favorisant l'hivernage de la bécasse des bois

Données cynégétiques : prélèvements, suivis de la migration, de l'hivernage

- récolte et analyse d'ailes
- saisie en temps réel des données « sorties de chasse » sur le site dédié « béc@notes »
- compte-rendu annuel de ces suivis
- plus de 140 000 heures d'observation au niveau nationales

NOS ACTIVITÉS QUI PERMETTENT UN SUIVI ANNUEL DES POPULATIONS DE BÉCASSES DES BOIS AFIN D'EN CONNAÎTRE LE BON ÉTAT DE CONSERVATION

- Saisie sur « Béc@notes », en temps réel, des données issues des sorties de chasse des membres du CNB (durée, oiseaux vus, oiseaux prélevés, poids, sexe, âge), calcul de l'ICA (indice cynégétique d'abondance), calcul du sex-ratio
- Lecture des ailes afin de connaître l'âge des bécasses prélevées (deux lectures annuelles, en fin de migration et en fin d'hivernage), calcul de l'âge-ratio
- Participation aux opérations de baguage (34 bagueurs formés au sein du club), calcul de l'IAN (indice d'abondance nocturne) en liaison avec l'Office National de la Chasse et de la Faune Sauvage
- Surveillance de territoires tests dans le cadre de l'opération « gel prolongé », propositions de mesures de protection à prendre en cas de période prolongée de gel intense
- Suivi des conditions météorologiques rencontrées par les oiseaux en période migratoire
- Équipement de bécasse à l'aide de balises Argos afin d'en suivre les trajets migratoires (en liaison avec l'OFB et *Game & Wildlife Conservation Trust*)
- Participation aux comptages « croule » afin de suivre la population nicheuse en France
- Étude sur les biotopes afin d'en proposer des aménagements (milieu forestier) et d'en assurer la sauvegarde (prairies naturelles)
- Huit années de suivi de l'hivernage de la Bécasse des bois (*Scolopax rusticola L.*) sur un territoire aménagé dans le Cher (18)

TROIS ÉTUDES, RECONNUES PAR LA COMMUNAUTÉ SCIENTIFIQUE

- Une sur les bécasses équipées de balises ARGOS (revue Ibis)
- *Survey of Wittring Eurasien Woolcock in Western Europe (Eleventh American Woolcock Symposium)*
- Thèse modèle et déterminants de l'abondance de la bécasse des bois (*Scolopax rusticola*) dans la migration d'automne et d'hiver dans le sud-ouest de l'Europe

NOS ACQUIS EN MATIÈRE DE PROTECTION DE LA BÉCASSE DES BOIS

1963 : interdiction de la chasse à la chasse à la passée. 1978 : interdiction de la vente de la bécasse des bois. 1978 : interdiction de la chasse en mars (chasse à la croule en période de reproduction). 1999 : obtention de la fermeture de la bécasse au 20 février. 2011 : mise en place d'un PMA national assorti d'un carnet de prélèvement avec système de marquage (arrêté ministériel du 3 mai 2011).

MEMBRE FONDATEUR DE LA F.A.N.B.P.O

Présidence assurée durant dix ans, actuellement le CNB en assure la vice-présidence.
(Fédération des Associations Nationales des Bécassiers du paléarctique Occidental)

Jean-Pierre Lepetit

Jean-Pierre Lepetit et Bruno Meunier

UN PEINTRE SAUVIGINIER

Jean-Claude Lestringant

Ce peintre passionné de chasse au gibier d'eau nous a quittés dans sa ferme de Montbron en novembre 2020 dans sa quatre-vingt-cinquième année. Installé en Sologne depuis une quarantaine d'années, mon ami Jean-Claude possédait un gabion réputé dans la baie du Mont-Saint-Michel où il aimait à se rendre pour chasser et peindre. Chasseur dans l'âme, sa passion pour la peinture et sa connaissance de la nature se conjuguaient pour créer des toiles d'un réalisme saisissant dans lesquelles la lumière est toujours présente. Passée du soir, volée du matin à la hutte, coup de vent sur l'étang, herbus sous la neige, autant de thèmes à travers lesquels évoluent en vol, sarcelles, canards et oies de toutes sortes, et bécassines dans des paysages construits avec fermeté, d'où se dégage une atmosphère d'authenticité.

L'école buissonnière. Voici, pour un prologue, un titre peu édifiant. Je m'empresse, malgré l'opinion courante, de rassurer mon lecteur en le persuadant de la qualité de mon sujet.

Roger Reboussin

ÉMOTIONS DE CHASSE *par Gaston Rambaud*

BÉCASSINES ET PERDREAUX

Raoul, tous les matins, allait prendre un croissant et un verre de vin blanc chez le marchand de vin, rue Drouot. Cela durait depuis des années. Un matin, il arrive, mange un morceau de croissant et boit une gorgée de vin. Il repose le verre, surpris, toussaille, reprend le verre et le finit. Il appelle le patron :

– Ce n'est pas le même vin ! Pourquoi ?

– Il n'y en a plus, c'est le nouveau.

– Et de l'ancien, quand en aurez-vous ?

– Jamais, c'est fini.

Raoul ne dit rien, pose sa monnaie sur le comptoir et s'en va soucieux. Que va-t-il faire ? Il prend son parti. Changeant tous les jours, il fait tous les bistros du boulevard au carrefour Drouot, de la rue Laffitte à l'opéra. Pas de vin blanc à son goût ; il décide d'agrandir son champ d'action. Des semaines se passent, enfin, un jour, rue Labruyère, il trouve chez un troquet le vin rêvé. Il s'entend avec le propriétaire, on lui met deux pièces de côté, en demi-bouteilles, rien que pour lui. Mais c'est loin du passage des Princes à la rue Labruyère. Que fait le président ? Il déménage… et s'installe à côté de son petit déjeuner !

SEPTEMBRE

2021

SEPTEMBRE

LUNDI	MARDI	MERCREDI	JEUDI	VENDREDI
sem. 35 FIACRE 30	ARISTIDE 31	GILLES 1	INGRID 2	GRÉGOIRE 3
sem. 36 BERTRAND 6	REINE 7	NATIVITÉ N.-D. 8	ALAIN 9	INÈS 10
sem. 37 AIMÉ 13	CROIX GLORIEUSE 14	ROLAND 15	ÉDITH 16	RENAUD 17
sem. 38 DAVY 20	MATTHIEU 21	AUTOMNE 22	CONSTANT 23	TÈCLE 24
sem. 39 VINC. DE PAUL 27	VENCESLAS 28	MICHEL 29	JÉRÔME 30	THÉ. DE L'E. JÉSUS 1

SAMEDI	DIMANCHE
ROSALIE 4	RAÏSSA 5
ADELPHE 11	APOLLINAIRE 12
NADÈGE 18	ÉMILIE 19
HERMANN 25	CÔME-DAMIEN 26
LÉGER 2	GÉRARD 3

Du côté des livres

BÉCASSE, LE FEU SACRÉ

Alain Philippe - 2020

Cette compilation de récits consacrés à la belle « Dame rousse » résume bien les meilleurs moments d'une vie passée à la rechercher avec les chiens de sa vie. En lisant les histoires qui ont émaillé la vie d'Alain Philippe, nous repartons courir les sous-bois tapissés de feuilles mortes avec ses chiens et ses amis. Car, outre l'art de savoir éduquer chiens anglais ou continentaux et d'être un excellent tireur, Alain a le talent du narrateur qui sait vous faire vivre à ses côtés ces fameuses parties de chasse truffées d'anecdotes et d'humour. Ces récits vécus racontent ces journées passées derrière un chien d'arrêt avec un ou deux très bons amis. Dès lors, ils évoquent le beau travail des chiens qui sont les vrais chasseurs et les relations quasi amoureuses unissant le maître et le chien tout comme ils racontent les rencontres et l'amitié particulière qui se vit entre bécassiers et quelques bécassières dans les bruyères de Bretagne ou les futaies de Sologne. Incontestablement, mon ami fait partie de cette famille où chacun se reconnaît et partage des codes inaliénables et sacrés, celle des vrais bécassiers.

Pierre Verdet

Un livre à dévorer, superbement
Illustré par Lamotte et Patrice Bac
24,5 x 17 cm, 300 pages
Prix : 33 € frais de port inclus
À commander sur www.versicolor.fr.

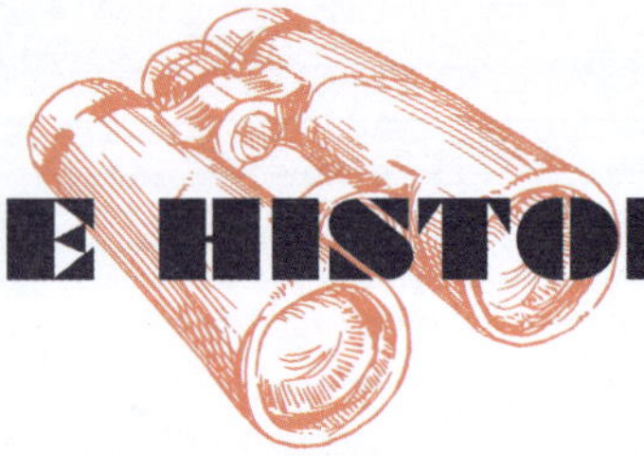

UNE HISTOIRE

Une caille peu craintive

Ce petit village de Réquista dans l'Aveyron possède beaucoup de charme. Assis dans ma Dauphine sur la place de l'église à attendre mes amis Michel et Laurent Zuber, c'est la réflexion qui me vient à l'esprit. Nous sommes le samedi 5 septembre 1964, je viens d'avoir vingt-et-un ans, et imaginez un peu ! Nous allons chasser la caille pendant deux jours avec mon chien Noé, mon braque français.

Toujours aussi précis, les frères Alsaciens, dont la 403 vient se garer à côté de ma voiture. Après quelques embrassades, sans oublier les incontournables caresses à Olaf, l'autre braque français appartenant à Michel, et à Sally, la setter irlandaise de Laurent, on se rend chez Pierre Revaux, cet ancien compagnon de régiment de Michel, qui a expressément exigé de nous héberger tout au long de notre séjour. La famille Revaux nous accueille de la façon la plus cordiale et avec toutes les gracieusetés possibles. Pierre, qui est célibataire, nous présente sa mère Jeanne, son frère Julien, et sa jeune sœur, Babeth. Je comprends très vite que Pierre fait office de chef de famille, son père étant décédé quelques années auparavant. En embrassant Babeth, j'avoue ressentir immédiatement un petit pincement au cœur pour cette magnifique rouquine un peu ronde, aux formes épanouies et aux yeux bleus. Babeth, qui m'avouera plus tard avoir vingt ans, est une jeune fille agréablement proportionnée au sourire éclatant et charmeur...

L'ouverture de la chasse est prévue pour le lendemain matin. Pour nous rassurer, Pierre, qui est un chasseur acharné, nous informe que les cailles sont nombreuses cette année. Pour preuve, le soleil commençant à décliner, il nous invite à nous rendre en bordure d'un champ de chaumes situé derrière sa maison. Là, effectivement, ravis, nous percevons le célèbre « paie tes dettes » claironné tous azimuts. Maintenant, nous annonce Pierre, il est l'heure de l'apéritif. Assis sous une tonnelle, nous dégustons un Estaing frais, ce vin blanc bien charpenté produit de la région. Sourire aux lèvres, Babeth vient s'asseoir à côté de moi. Sans détour, en me tutoyant, la curieuse me pose une multitude de questions sur les nouvelles danses, la mode et la façon de s'habiller à Paris. Le dîner est le bienvenu. Nous sommes tous affamés, et nous nous jetons sur la charcuterie locale, puis sur deux succulentes poulardes auxquelles nous ne faisons aucun quartier. Inutile de vous dire que l'ambiance est chaleureuse, Pierre et Michel narrant à tour de rôle leurs péripéties au cours de leur période vécue à l'armée. Il existe de temps à autre des moments privilégiés dans la vie, où l'on regrette de ne pas pouvoir faire arrêter le temps !

Mais, nous sommes exténués par le voyage, et c'est avec plaisir que nous prenons possession de nos chambres. La mienne est située au rez-de-chaussée, ma fenêtre donnant juste en face de petits champs cultivés. Noé, comme à son habitude, vient se blottir à mes pieds. Nous nous endormons immédiatement, bercés par quelques rappels de cailles.

Au petit matin, excité par cette journée qui s'annonce exceptionnelle, je jaillis de mon lit comme un bouchon de champagne. Il fait un temps de rêve, une journée illuminée par un soleil sans nuage avec un vent d'est un peu frais. Après une toilette sommaire, je rejoins les Zuber, tous les deux assis en compagnie de Pierre devant une omelette au lard bien baveuse. Les cafés brûlants à peine bus, vite, on se prépare. Noé a bien compris, lui aussi. Mon chien piaffe, énervé, tout joyeux. Rapidement, les fusils sont montés, les bottes sont mises et arrive enfin cet instant tant attendu par tous, nous allons enfin pouvoir chasser ! Pierre fait sortir de son chenil Pyrame, un braque d'Auvergne un peu âgé, et nous voilà tous partis.

À peine avons-nous parcouru une cinquantaine de pas dans une luzerne, que Noé, le nez haut, se fige dans un arrêt cataleptique, arrêt immédiatement patronné par Olaf et Sally. Je fais quelques pas devant mon braque pour faire voler trois cailles dans un bruissement d'ailes. Je laisse les oiseaux mythiques parcourir une vingtaine de mètres et je réalise ainsi un doublé plutôt facile. Tout au long de la matinée, nous tirons de nombreuses cailles arrêtées par nos chiens dans les différents couverts. Tant qu'il subsiste un peu de fraîcheur, cela se passe très bien, mais rapidement, il commence à faire chaud, très chaud. Alors, quand arrive onze heures, nous décidons de nous arrêter pour faire reposer nos compagnons. Nous retournons chez Pierre, puis, justifiant l'adage que la caille « se mange au bout du fusil », tout le monde se met à plumer la petite quarantaine d'oiseaux que nous venons de prélever. Quand midi sonne au clocher du village, un verre de « cuvée des brumes » dans la main, tout en dégustant jambon et saucisson, nous regardons nos cailles entourées d'une feuille de vigne et d'un morceau de lard, qui rissolent doucement en tournant devant les braises de la cheminée. Unanimement, on se dit que c'est ça la chasse ! De la convivialité en mangeant le gibier que l'on vient de tuer avec de bons copains. Babeth, superbe et rayonnante, vient nous rejoindre. En attendant de passer à table, ma nouvelle amie me parle de sa vie à la campagne. Rapidement, je découvre qu'en plus d'être vraiment séduisante, cette jeune femme a beaucoup d'esprit. Je ne dois pas lui déplaire non plus, car je sens sa main qui s'empare longuement de la mienne sous la table.

Les cailles que nous dégustons, accompagnées de pommes de terre cuites dans la braise, sont délicieuses. Nos oiseaux sont suivis d'un fromage de chèvre local, et d'une énorme tarte aux pommes préparée par Babeth. Une fois les cafés bus, Pierre, Michel et Laurent s'éclipsent et s'en vont faire la sieste. Avec Babeth, nous discutons longuement de tout et de rien, sous le regard amusé et complice de Julien, qui s'est joint à nous. Très vite, je fais le constat que je ressens un petit coup de cœur pour cette fille.

Nous repartons chasser sur le coup de dix-sept heures. Babeth, qui a décidé de nous accompagner, reste derrière moi pour ne pas me gêner pour tirer, pendant que Noé arrête comme un métronome, coup sur coup, ces jeunes oiseaux, pas vraiment aguerris. Nous abordons un champ de trèfle, lorsque Noé commence à pister une caille qui semble ne pas vouloir s'envoler. Son ventre touchant terre, mon chien s'immobilise, repart, revient, tourne dans le couvert, sans vouloir lâcher cet oiseau qui se défile. Au bout de plusieurs minutes, trop énervé, il le bouscule un peu et il l'oblige à prendre son essor. Là, c'est une énorme et grosse stupéfaction, car c'est un râle des genêts, surnommé « roi des cailles », qui s'envole devant lui, râle reconnaissable à ses deux grandes pattes qui pendent sous son ventre. Je tire et tue celui qui sera dans ma vie de chasseur mon premier et dernier râle des genêts. Avec un peu de tristesse, je caresse et admire longuement ce migrateur qui est déjà devenu rarissime à cette époque. Vers les vingt heures, nous nous dépêchons de rentrer, pour plumer nos cailles. Pour le dîner, en plus des cailles qui ont rissolé dans une cocotte, Jeanne nous a préparé un aligot, ce plat typique de l'Aubrac, qui, souligne-t-elle, « ne tient pas seulement au ventre, mais qui tient en sympathie ». Babeth, assise à côté de moi, nous écoute parler de chasse, silencieuse et rêveuse.

Noé, affamé lui aussi, a bien nettoyé sa gamelle, mais je m'aperçois qu'il boite légèrement. Comme me l'a enseigné Jean Castaing, mon mentor, je fais tremper une par une ses pattes dans une bassine remplie d'eau chaude, de gros sel et de vinaigre, puis je nettoie et essuie soigneusement tous ses coussinets, ce qui semble bien lui plaire. Exténués, rompus, tous les chasseurs vers les onze heures du soir, sans s'être trop concertés, prennent la direction de leur chambre. Pour être tout à fait franc, je suis loin d'être surpris lorsque Babeth, quelques minutes plus tard, après avoir gratté légèrement à la porte, vient me rejoindre dans la mienne.

Attendri, le cœur battant la chamade en la regardant venir vers moi, et se glisser sous les draps, il me revient alors à l'esprit ce vieil adage :

Une caille se mange au bout du fusil…

LA CHASSE ET SES BOULEVERSEMENTS DE 1945 À NOS JOURS

1950 - L'EMPLOI DU DDT EN AGRICULTURE

Personne ne peut contester que l'utilisation de produits chimiques dans l'agriculture ait été funeste au petit gibier. Depuis l'après-guerre, les géants pharmaceutiques s'en sont donné à cœur joie et n'avaient qu'un seul objectif ; donner aux cultivateurs la possibilité d'augmenter leur rendement, pour leur permettre de rentabiliser leurs investissements et d'augmenter leurs profits.

LE DDT, UNE DÉCOUVERTE MAJEURE POUR ÉRADIQUER LES ÉPIDÉMIES

Le DDT, qui se présente sous forme de cristaux blancs, a été synthétisé dès 1874 par Othmar Zeidler. Mais ses propriétés insecticides ne sont révélées qu'en 1939 par Paul Hermann Müller. Celui-ci fut lauréat du prix Nobel de médecine en 1948 pour cette découverte qui permit d'éradiquer les maladies propagées par les insectes contaminants. En effet, le DDT élimine les insectes porteurs de maladies mortelles comme les moustiques, les poux et les puces. Le DDT a contribué à éradiquer le paludisme, ce fléau responsable de centaines de milliers de morts, en éliminant les moustiques vecteurs de la maladie en Europe et en Amérique du Nord. En 1944, l'emploi du DDT enraye une épidémie de typhus déclarée à Naples en Italie. Il est massivement utilisé pendant la Seconde Guerre mondiale pour éviter la transmission de poux et autres parasites chez les soldats et, en 1945, chez les prisonniers rescapés des camps.

▶ Le DDT est un pesticide chimique organochloré incolore utilisé pour détruire des insectes porteurs de maladies ou destructeurs de récoltes : c'est donc un insecticide. Bien que ce produit soit interdit depuis des années en Amérique du Nord et en Europe, il est encore utilisé dans les pays en voie de développement.

LE DDT, UN POLLUANT DANS LA CHAÎNE ALIMENTAIRE

Le dichlorodiphényle-tricolore-éthane, ou DDT, est un puissant insecticide qui tue les insectes et les détruit instantanément, en ouvrant les canaux sodiques des neurones conduisant à des spasmes, puis à la mort. Peu toxique, bon marché, le DDT a été victime de son succès, car trop largement utilisé dans le monde. Le DDT est un polluant organique persistant qui sert à éliminer des insectes des cultures, mais il est transporté sur de longues distances par l'eau, loin des surfaces où il a été épandu. Comme le DDT est liposoluble, il persiste dans les graisses animales. Dans une chaîne alimentaire, ce poison s'accumule

dans les organismes qui se situent en haut de la chaîne alimentaire. L'accumulation de DDT chez les oiseaux a eu un effet catastrophique sur leur reproduction.

L'UTILISATION DU DDT EN AGRICULTURE

À partir de 1945, le DDT devient l'insecticide le plus utilisé dans les champs par les agriculteurs. Ses excès ont eu des conséquences désastreuses sur la biodiversité, le DDT devenant rapidement omniprésent dans les organismes vivants et son environnement. Certaines mutations génétiques agissant sur les canaux sodiques peuvent rendre certains insectes résistants au DDT et à d'autres insecticides fonctionnant sur le même principe. Très vite, des soupçons sur sa dangerosité apparaissent sur l'environnement à travers des observations faisant le constat d'une diminution importante d'oiseaux, confirmée ensuite par plusieurs études scientifiques. Entre 1945 et 1976, l'utilisation du DDT ne fait l'objet d'aucun contrôle, jusqu'à la mise en œuvre d'une directive européenne qui fixe des « limites aux résidus de pesticides ». Ce n'est que vingt ans plus tard que l'Union européenne demande aux États membres de contrôler ces fameuses limites, dont la pertinence sanitaire sera du reste remise en cause par la suite. La haute toxicité du DDT n'est révélée par tous les médias occidentaux qu'en 1969. Le livre « Silent Spring » de Rachel Carson, paru en 1962, témoigne de l'inquiétude grandissante de l'opinion publique concernant le DDT dans les années 1960, conduisant à l'interdiction partielle ou totale de ce produit chimique dans de nombreux pays.

LA FRANCE, GRANDE CONSOMMATRICE DE PESTICIDES

Longtemps, les pesticides ont été massivement vendus et utilisés dans un silence total, malgré l'affaire du DDT, pesticide dont la haute toxicité a été révélée en 1969 par tous les médias occidentaux. D'ores et déjà, les contrôles effectués montrent que la France dépasse allégrement les doses autorisées. Elle a été, en 2006, la deuxième consommatrice mondiale de pesticides et la troisième en 2007, presque autant que les États-Unis, mais avec une surface agricole dix fois plus petite. En 2001, le MDGRF (Mouvement pour les Droits et le Respect des Générations Futures) rend les chiffres publics en criant au scandale. Et pour cause, puisque 50 % des échantillons contiennent des résidus, et 22 % en contiennent de plusieurs sortes. Chaque année, les rapports révéleront une augmentation sensible de ces résidus. Une enquête de l'IFEN (Institut français de l'Environnement, ministère de l'Écologie) publiée en 2006 montre par ailleurs que 96 % des prélèvements effectués dans des cours d'eau contiennent un pesticide. Plus inquiétant encore, les limites fixées par les autorités commencent à faire l'objet de critiques par certains experts scientifiques.

LE MONDE ÉTONNANT DES OISEAUX EN SEPTEMBRE

> Le *milan royal* et le *milan noir*, s'ils ne négligent pas une proie vivante, sont essentiellement des charognards, glanant à terre et sur l'eau toutes sortes de restes carnés : poissons et mammifères morts, nourritures abandonnées par les hommes, détritus sur les décharges.

> Les jeunes *hirondelles* et les adultes qui ont terminé d'élever leur progéniture se regroupent par centaines le soir dans les roselières autour des étangs pour venir y passer la nuit.

> La *sarcelle d'été*, ce canard dit « frileux », va traverser la France, accompagnée de quelques sarcelles d'hiver et de souchets pour se rendre en Afrique. Elle a la particularité d'être le seul canard à avoir quitté totalement notre pays en hiver.

> Le *grèbe castagneux*, qui émet une sorte de hennissement strident roulé rappelant le cri du courlis corbleu, est le plus petit des membres de la famille des grèbes, et aussi le seul grèbe d'Europe à pondre régulièrement deux fois par an.

> Le *moyen-duc* possède des iris orangés rouges et sur le haut de la tête, ainsi que deux aigrettes ayant l'aspect d'oreilles pointues.

> Entendre le bien connu « paie tes dettes » des *cailles* la nuit dans les champs, qui font une petite halte au cours de leur migration.

Hirondelles

LA MIGRATION EN SEPTEMBRE

Sans que cela se remarque vraiment, septembre est une période où la migration des oiseaux est intense. Imaginez un peu ! *Martinets, hirondelles, coucous, grues, outardes, grives, tourterelles des bois, cailles, alouettes, barges, chevaliers, vanneaux, balbuzards pêcheurs, cigognes,* ainsi qu'une multitude de *passereaux* et de *rapaces* quittent ou commencent à quitter à cette période la France pour rejoindre leur zone d'hivernage. Il y a les migrateurs au grand cours qui s'en vont dans le cœur de l'Afrique et ceux à moyen cours qui hivernent dans le sud et l'ouest de l'Europe. Paradoxalement, beaucoup de ces oiseaux qui revendiquent un territoire exclusif pendant la nidification se regroupent alors pour voyager. C'est ainsi qu'il est possible d'observer en groupes compacts, quelques fois considérables, des *passereaux*, des *cigognes* et des *rapaces*, notamment des *milans noirs*, traverser nos espaces, les uns volant de bosquet en bosquet, les autres planant en altitude. Beaucoup des vols, qui ont lieu en majeure partie la nuit, sont peu remarqués.

Cane de souchet

LES VENTS

Beaucoup de limicoles utilisent les vents arrière, même lorsque ceux-là ne sont pas exactement orientés dans la direction qu'emprunte leur migration : on appelle ce phénomène la « pseudo-déportation », qui sera compensée ultérieurement par une modification de la trajectoire ou par l'utilisation de vents de secteur différent. Les plus forts passages ont été observés par vents de secteur nord-est et de sud-est. Les plus faibles par vents d'ouest.

À OBSERVER

Sur le littoral, septembre, c'est le mois des souchets, des barges, des chevaliers combattants, des courlis, des livergins… En principe, les gros passages ont déjà eu lieu, excepté lorsque les vents à tendance à l'est ont été absents ou insignifiants tout au cours du mois d'août. Que survient alors au début de mois, un fort vent bien placé, et c'est un défilement ininterrompu de toutes les espèces de limicoles sur nos côtes.

Migration

Première ouverture
Jean de Witt - 1941

Je me suis couché tout habillé, à seize ans, le 14 août 1903. Mon premier complet de chasse me paraissait aussi beau que mon permis, que mes gros souliers de marche et que les guêtres jaunes dont mon père m'avait adorné pour ma première ouverture. Ce jour me paraît lointain, et cependant il est d'hier. Les souvenirs qui nous sont chers savent prendre leur place dans le cœur et dans l'esprit comme s'ils étaient d'aujourd'hui même. Je me souviens avec précision de cette ouverture à Morin, de cette nuit où, dans mes rêves, des lièvres gros comme des éléphants me réveillaient en sursaut, où le départ d'une compagnie de perdreaux me faisait bondir au bruit métallique de son envol brutal, où les cailles, en contrepartie, me berçaient de leur chant de trois notes, plus énervant que poétique. Cinq fois dans la nuit, je me levais pour constater que les étoiles luisaient encore au ciel, que la nuit était légère et que le grillon de ma chambre continuait son éternelle chanson. Il faisait chaud. Je regardai mon petit fusil calibre 20. Je me recouchai en songeant aux chaumes dorés, à l'odeur de la poudre noire, à l'arrêt du chien Pluton qui, demain, devait me donner tant d'émotions. Mais il était deux heures du matin, et je n'avais jamais été soumis à veillée aussi prolongée. Je m'endormis pesamment, avec ce sentiment que le fusil était là dans le coin de ma chambre. Mes souliers neufs enserraient les jeunes pieds de mes seize ans, j'avais cette certitude reposante : les cailles de la plaine de Truquet, que « je connaissais », m'attendraient jusqu'à mon passage à leurs côtés.

À cinq heures, je me réveillai. Ce fut un des plus beaux moments de ma vie. Tout équipé, je bondis de mon lit, et, au détriment de tous les dormeurs de la maison, je descendis l'escalier de trente-deux marches, appuyant lourdement, comme il se doit, sur mes premières bottes de chasse, jusqu'au rez-de-chaussée où je rejoignis mon père qui partait, sans émotion, pour ma « première ouverture ». L'arrivée de Cloto, notre « chasseur », et de son chien Pluton n'interrompit pas le calme déjeuner paternel. J'étais très nerveux, je l'avoue. Les petites cailles auraient-elles la bonté de nous attendre ?

Nous étions partis vers la plaine, que le soleil rendait magnifique. Tout paraissait baigné de vapeurs légères roses et dorées. Les teintes vertes des arbres avaient des tonalités inouïes de variétés. En pénétrant dans les premiers chaumes, tout me parut éclatant de vie intense. J'eus cette impression que chaque pas vers une touffe plus haute que les autres, vers un rang de mil ou de sainfoin plus jaune ou plus vert, devait abriter le gibier pourchassé. Mon imagination travaillait. Pluton, après dix minutes de quête, s'arrête brusquement en une attitude tremblante qui indique bien nettement que le gibier glisse, se faufile, en un admirable mimétisme, sous le nez subtil du chien. Celui-ci rampe, s'arrête, me regarde de côté d'un œil tendre. Un petit rang de vigne, des herbes légères. Je m'efforce de découvrir le gibier. Je ne vois rien. Comme ceux de Pluton, mes nerfs se tendent. Nous voici au bout du Sillon. Le chien devient anxieux. Moi aussi. Au ras du sol, une caille se lève. Un petit sifflement léger, et la voici, les ailles courbes, qui s'envole à travers la plaine, se confondant avec teintes d'alentour. Je tire précipitamment mes deux coups, avec cette précoce certitude de la réussite qu'ont tous les tireurs de seize ans. Manquée ! Mes instructeurs avaient eu la bonté de me laisser tirer le premier. Cloto la manque et mon père tire de loin. Elle tombe. C'était là un début de chasse qui devait, tout en me permettant de jouir d'une petite gloire familiale, me rendre très humble dans l'exercice du tir de chasse…

Mon père, je m'en souviens, se retourna vers son chasseur :
– Eh quoi ! Vous qui êtes si bon fusil sur les cailles, vous manquez celle-ci partie si près de vous ! Vous avez encore fait des excès hier soir !

Et Cloto, qui était un bon tireur, dit à mon père simplement :
– Eh ! mon Dieu ! monsieur, j'aime tant la chasse que je n'ai pu m'empêcher, la veille de l'ouverture, de jouer un peu à la manille.

J'ai bu quelques cafés, trois Pernods et trois verres de fine. Peu de chose ! Mais, après, on pense tellement à la chasse qu'on dort moins bien. Et je m'en ressens.

Après ces mots, qui devaient marquer la première ouverture d'une phrase définitive, la matinée fut meilleure. Les cailles suivantes, arrêtées impeccablement par Pluton, furent tirées avec élégance par mon père et par Cloto qui avait repris son aplomb. À l'heure du déjeuner, il y avait quinze cailles au tableau, et ce n'était pas mal. La quinzième avait été tuée par moi, et j'en conserverai toute ma vie une grande honte. Elle avait été tirée presque sous le nez de Pluton et, à cette faible distance, elle avait éclaté sous la charge. Je puis vous assurer que la vision de ma première caille a poursuivi ma vie de chasseur. Ce piteux exploit, dont je n'ai jamais parlé à personne, m'a rendu odieux l'assassinat et m'a appris qu'il y avait autre chose dans la chasse que l'attrait du gibier malheureux que l'on doit tuer. J'ai compris ce jour-là que la beauté du sport et de la poursuite devait faire naître le goût de la difficulté, et que la facilité à la chasse ne devait pas être recherchée. C'est pour cela que j'ai tant aimé la sauvagine !

LA CHASSE DES LIMICOLES SUR LES PLAGES DU LITTORAL

Chevaliers gambettes

Dès l'ouverture de la chasse sur le DPM, voici venue l'excellente période pour la chasse des limicoles en bord de mer ou de grève. Heureusement, il existe encore sur le littoral à cette époque, des plages sans trop de « aoûtiens ». L'instant magique, c'est la passée du matin lorsque la mer basse et étale devient marée montante, accompagnée d'un petit vent d'est ou de nord-est. Le chasseur doit impérativement être en place à la limite des flots avant la pique du jour. Pendant la petite demi-heure où le soleil se lève, c'est un défilement ininterrompu d'oiseaux volant au raz des vaguelettes qui bordure le sable, spectacle accompagné de centaines de sifflements de chants et de rappels. Pluviers, bécasseaux, chevaliers, livergins, gravelots, courlis, pies de mer, la variété est infinie. Les plus nombreux sont les chevaliers gambettes, appelés « pieds rouges », qui sont relativement peu farouches et viennent bien quand on les siffle. Car à la botte ou à l'affût avec des formes, il est impératif de savoir siffler, avec ou sans appeau. Un bon retriever aimant l'eau est souvent plus qu'utile pour retrouver blessés et désailés.

Blettes sur le littoral

Recette de gibier goûteuse et facile

Cailles des blés au naturel

La caille des blés est un gibier succulent à manger. Ne la laissez pas vieillir, une caille se mange « au bout du fusil », c'est-à-dire le jour même, ou le lendemain avoir été tuée. Ne la faites pas trop cuire non plus. Cette recette, toute simple à réaliser, vous enthousiasmera.

Pour 2 personnes

- 4 cailles, plumées, vidées
- 1 bouquet garni
- 2 cuillérées à soupe de fond de volaille
- 10 cl de vin blanc
- 100 g de beurre
- Piment d'Espelette
- Sel et poivre

Préparation :

1- Introduisez à l'intérieur des cailles une noisette de beurre. Salez et poivrez. Faites saisir vos oiseaux dans un plat en fonte avec 20 g de beurre puis ajoutez fond de volaille et bouquet garni. Mouillez avec le vin blanc.

2- Laissez cuire 30 minutes à feu doux puis déposer les cailles sur un plat et les réserver au chaud.

3- Lorsque le jus est sirupeux, incorporez une petite cuillérée de piment d'Espelette et le reste de beurre en remuant bien avec une cuillère en bois.

4- Vérifiez l'assaisonnement. Nappez et servez.

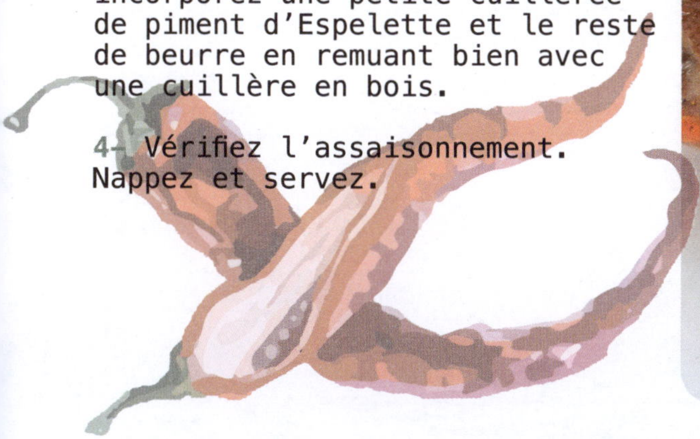

La chair des bêtes noires se corrompt très facilement. Aussi est-il nécessaire, si l'on ne peut procéder immédiatement au vidage de tout animal tué, de l'ouvrir au moins pour l'aérer.

Karl Snethlage

ÉMOTIONS DE CHASSE *par Jean de Witt*

LA CHASSE AU FILET DES PALOMBES

Trois palombes se rapprochent, elles se posent sur des branches basses. Quelques autres suivent. Ah ! comme j'aime entendre le bruissement des ailes se rapprocher de moi ! Cazemajou ouvre la porte en bois et laisse libre le passage qui va conduire les poulets affamés jusqu'au sol. Cinq secondes d'attente… les voici qui arrivent, sortant d'un tunnel noir. Après quelques hésitations et comme si elle avait demandé la permission à sa voisine, une palombe descend, puis deux, puis trois, puis huit. Les huit palombes remontent vers leurs arbres. Je suis crispé. Pipembois respire à peine et lève les yeux au ciel. Il saisit à nouveau son semet, dont l'aile si juste attire à nouveau les oiseaux sur le sol et le mouvement recommence dans le même sens, cinq, six, sept, neuf, dix, quatorze. À ce moment, je fais signe à mon chasseur de prendre les commandes du filet, il me semble, comme à la bourse, que la valeur est au plus haut, je ne veux pas risquer la dégringolade, je donne l'ordre de vente. Près de la porte de la cabane, j'attends anxieux que Cazemajou ait fait fonctionner ses ressorts pour qu'à mon tour je puisse sortir et tirer au vol les palombes qui n'ont pas été prises. Au moment même où tout va se refermer, quatre palombes de plus viennent rejoindre les premières. Hop ! Un bruit sec de fils de fer. Le coup y est. Les palombes sautent sous le filet. Je bondis à l'extérieur et à travers les arbres, au jugé, je tire une palombe qui vient tomber sur la cabane. Les émotions sont passées, elles ont été fortes, mais la récompense est là.

OCTOBRE 2021

OCTOBRE

	LUNDI	MARDI	MERCREDI	JEUDI	VENDREDI
sem. 39	VINC. DE PAUL 27	VENCESLAS 28	MICHEL 29	JÉRÔME 30	THÉ. DE L'E. JÉSUS 1
sem. 40	F. D'ASSISE 4	FLEUR 5	● BRUNO 6	SERGE 7	PÉLAGIE 8
sem. 41	FIRMIN 11	WILFRIED 12	◐ GÉRAUD 13	JUSTE 14	THÉRÈSE D'AVILA 15
sem. 42	LUC 18	RENÉ 19	○ ADELINE 20	CÉLINE 21	ÉLODIE 22
sem. 43	CRÉPIN 25	DIMITRI 26	ÉMELINE 27	◑ JUDE 28	NARCISSE 29

SAMEDI	DIMANCHE
LÉGER 2	GÉRARD 3
DENIS 9	GHISLAIN 10
EDWIGE 16	BAUDOIN 17
CAPISTRAN 23	FLORENTIN 24
BIENVENUE 30	QUENTIN 31

Du côté des livres

AUTOUR DE LA BÉCASSE

Bruno Meunier - 2020

Au Club National des Bécassiers, c'est l'évènement ! Bruno Meunier, son président, a assemblé une description minutieuse de la plupart des textes dédiés à la Mordorée qui ont été publiés au fil des siècles. Ce livre est une véritable bible consacrée à la Dame des bois. Pour se faire, plus de cinq cents documents relatifs à la bécasse ont été disséqués et compilés. Tous les domaines ont été abordés, que ce soit l'ornithologie, la cynophilie, la migration, la gastronomie, le scientifique et la chasse.

500 pages
Plus de 600 illustrations
Format : 24 x 32 cm
Prix : 70 €

UNE HISTOIRE

Ainsi va la vie…

Mon cousin André est un être fabuleux qui conjugue l'intelligence, la gaieté et le cœur. Avec lui, on peut parler de littérature, de peinture, de philosophie, de chasse, de pêche et même de femme. Depuis le temps de nos culottes courtes, André a tenu dans ma vie une place essentielle. Il connaît les mots qui font rêver, et, s'il y a des mots crus à prononcer, dans sa bouche, ils ne sont jamais vulgaires. Nous n'avons jamais eu de différend, chacun s'évertuant à respecter l'autre.

Cette saison-là, nous avions pris une participation chacun dans une chasse réputée proche de Sully-sur-Loire, Les Maures. Un de nos copains, qui était actionnaire depuis deux ans, nous en avait dit le plus grand bien. La chasse commençait dès le samedi après déjeuner, pour se terminer le dimanche soir. Une chambre était affectée à chaque participant. Cette idée de passer ensemble nos week-ends en Sologne nous avait immédiatement séduits. Le jour de l'ouverture, le président nous présenta aux huit chasseurs avec lesquels nous allions passer la saison. Au cours du déjeuner, André, enjôleur comme à son habitude, s'attira la bienveillance de son auditoire. Le garde, Robert, un Solognot un peu rude de la vieille école élevait ses faisans à l'anglaise. C'était un piégeur redoutable, qui menait la vie dure à tous ces prédateurs comme renards, fouines, putois, belettes. Enfin, c'était un vrai garde et non pas un gardien. Les oiseaux des Maures avaient de l'aile, l'ambiance était chaleureuse, les passées grandioses, nous étions jeunes, à cette époque nous subissions peu de contraintes, comme la vie était belle… !

Tous les samedis soir après la passée avait lieu aux Maures un grand repas qui couronnait une journée extraordinaire où la variété du gibier était ahurissante. Avant le dîner, chacun venait admirer le tableau posé sur le perron, puis nous allions à tour de rôle féliciter Robert pour son travail. Une table couverte étincelait de jolie vaisselle. C'est Lucie, l'épouse de Robert qui officiait en cuisine, et Chantal sa plus jeune fille, qui aidait à servir à table. Chantal, qui venait d'avoir dix-huit ans, était brune, menue, bien faite avec un sourire enjôleur. D'un naturel très gai, la jeune fille avait fait de bonnes études à Orléans, études qui devaient la conduire à devenir secrétaire juridique.

Bon, je le reconnais, je n'ai pas été très clairvoyant. Tout au long de nos premiers week-ends de chasse, rien ne laissait supposer l'attirance réciproque que ressentaient Chantal et André l'un pour l'autre.

C'est en rentrant à Paris un soir, qu'André, soucieux, m'avoua qu'il était tombé fou amoureux de Chantal. Il lui semblait que ses sentiments étaient partagés, mais la situation était très inconfortable, car il appréhendait de se confier à Chantal, et surtout, il redoutait la réaction de ses parents. Il faut dire que nous étions à une époque où l'on ne plaisantait pas avec la bagatelle dans le monde rural.

La suite des évènements devait malheureusement lui donner plus que raison. Il était prévu le samedi suivant, une chasse de gros gibier dans une parcelle réservée à cet effet. Chantal, qui avait émis le souhait d'assister à la battue pendant le petit déjeuner, demanda gentiment à mon cousin si elle pouvait l'accompagner. Sous le regard dubitatif de Robert, ils se rendirent donc tous les deux au poste tiré au sort. Je ne sais pas ce qu'ils se sont dit ou ce qu'ils ont fait, mais, tout au long de la soirée, il était indéniable en les observant que leur relation avait, disons…, fortement évoluée.

Ce qui eut l'air de déplaire fortement à Lucie et Robert qui, comme nous, n'étaient pas dupes. En rentrant le dimanche soir, André était sur un nuage. Il m'avoua que sa dulcinée avait répondu favorablement à son attente, et qu'il était le plus heureux des hommes.

Les jours de cette semaine semblèrent bien longs à André. Enfin arriva le samedi matin qui nous vit franchir la porte de notre rendez-vous de chasse. À peine arrivé, André chercha des yeux sa dulcinée, qui, d'évidence, ne se trouvait pas là ! Mon cousin n'eut pas vraiment le temps de se poser des questions. La mine renfrognée, Robert prit André par le bras, et l'entraîna dans la cuisine. Les propos du garde lui firent l'effet d'une douche glacée. En substance, il avait formellement interdit à Chantal de revoir André et de remettre les pieds dans notre rendez-vous de chasse. Et, la mine sévère, il priait André de respecter sa décision. Je constatais tout au long de la journée qu'André était effondré. Tout en essayant de faire bonne figure, il ne voulait rien dire, car les remontrances de Robert n'étaient certes pas passées inaperçues dans notre petit groupe, loin de là...

Sur la route du retour, je me rendis vraiment compte à quel point mon cousin était malheureux. Il était amoureux et on lui interdisait de voir la fille qu'il aimait. La situation semblait bloquée. Tout en plaisantant, j'essayais de le dérider en le comparant à l'un des personnages imaginés par Paul Vialar, amoureux de la fille de son garde, ce qui n'était vraiment pas une bonne idée. Par la suite, j'essayais, en lui posant quelques questions, de déterminer jusqu'à quel point il était prêt à s'investir dans cette relation. André réfléchit longuement, puis il me dit.

– Tu as complètement raison. Pour être franc, mon célibat me va bien. J'adore faire la fête avec mes copains, sortir, chasser, être libre de faire ce qui me plaît. D'un autre côté, je suis raide dingue de cette fille. En fait, pour être franc, je n'en sais rien, j'ai besoin d'un peu de temps pour réfléchir.

Les deux week-ends suivants, je me rendis seul aux Maures, ce qui n'était pas drôle du tout. Sans la présence d'André, mon plaisir n'était plus le même. De plus, Robert et Lucie, gênés, évitaient de me parler.

Connaissant le caractère de mon cousin, il semblait évident que cette situation ne pouvait pas durer longtemps comme cela. J'avais effectivement raison, mais là encore, André nous prit tous au dépourvu. Un jour de semaine, après une longue conversation téléphonique avec Robert, mon cousin prit sa voiture et il fonça en Sologne pour rencontrer les parents de Chantal.

C'est jour de chasse aux sangliers aux Maures. Nous sommes en février, il a neigé toute la nuit, la Sologne est recouverte d'un manteau blanc. Il est toujours long et difficile de lancer des sangliers le lendemain d'une grosse chute de neige. Les suidés répugnent toujours à se lever, et il faut vraiment que les chiens leur marchent dessus pour qu'ils acceptent de quitter leurs bauges. Posté ventre au bois, l'attente dure depuis longtemps, ce qui ne me gêne guère. J'ai comme voisin à ma droite Cyrille, et à ma gauche, son père, mon cousin André. Chantal est restée avec Julie, qui accepte difficilement le décès de Robert qui nous a quittés l'année dernière. Amusé, j'observe mes deux voisins, et je repense à ce fameux jour où mon cousin, prenant une des plus graves décisions de sa vie, était allé demander la main de Chantal à ses parents. Chantal les avait rejoints par la suite, et ils étaient tombés dans les bras des uns et des autres.

Bien sûr, André m'avait choisi comme témoin à son mariage.

Avant, j'avais bien négocié avec les Trompes de Sologne. Car d'évidence, entendre sonner l'*Ave Maria* par Hubert Collet dans une église, croyez-moi, c'est un évènement qui ne s'oublie pas. Cyrille, mon filleul, était né l'année suivante.

André et Chantal forment un couple heureux, et il s'aime comme au premier jour.

Comme son père et son grand-père, il est, à seize ans, complètement passionné par la Sologne, les chiens, la nature, l'amitié et la chasse.

Le temps passe, ainsi va la vie...

LA CHASSE ET SES BOULEVERSEMENTS DE 1945 À NOS JOURS

1955 : LE REMEMBREMENT RURAL

Au sortir de la Seconde Guerre mondiale, la France est à reconstruire. L'occupation et sa libération ont laissé de lourdes séquelles dans notre pays. Une grande partie de son territoire et de ses villes a été bombardée, ses ressources pillées pendant cinq ans par les nazis, son économie est au plus bas. Devenue importatrice de biens alimentaires, la population, qui a toujours faim, garde en mémoire l'âpre souvenir des pénuries et des tickets de rationnement entre 1940 et 1945. Son agriculture est défaillante ! Le manque de bras des paysans, morts pour la patrie, est durement ressenti dans chaque ferme. Dans les exploitations agricoles, le matériel a été mal entretenu ou partiellement détruit au cours de ces dix dernières années.

LE PLAN MARSHALL

Le constat de nos dirigeants est qu'il va falloir produire énormément pour nourrir les Français. Mais il est plus qu'évident que la majorité des exploitations agricoles, disséminées et petites, ne sont pas adaptées aux nouvelles méthodes de culture. La situation aux États-Unis et au Canada est très différente. Les territoires américains et canadiens n'ont pas subi de dommages directs de la guerre. Leur production agricole, au sortir du conflit, connaît une énorme croissance. Par contre, il devient vital de lui trouver des débouchés commerciaux pour maintenir le plein emploi et pour éviter la récession. Les Américains gardent toujours en mémoire le douloureux souvenir si proche de la Grande Dépression de 1929. Alors, ils imaginent le plan Marshall. Dans le double objectif de sauvegarder son économie, et de remettre l'Europe sur les rails, le trésor américain propose de prêter des milliards de dollars, à condition que la majeure partie de cet argent lui revienne.

Avec une partie du prêt de deux milliards sept cent treize millions de dollars octroyé à la France, notre exécutif prend l'incontournable décision de moderniser radicalement son agriculture. Très vite, le remembrement apparaît comme étant la seule solution. Le paysage rural composé de bocages et de micro-exploitations doit disparaître, et sera remplacé par de grandes surfaces agricoles, bien plus faciles et rentables à travailler.

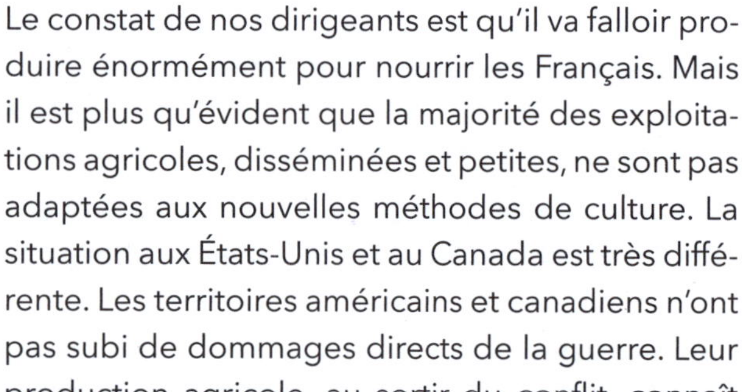

▶ En 1946, il y avait 145 millions de parcelles en France, avec une taille moyenne de 0,33 hectare. La taille de ces exploitations rendait l'utilisation des tracteurs difficile et peu rentable. La somme allouée au remembrement par le ministère de l'Agriculture passe de 62,9 millions de nouveaux francs en 1959 à 111,3 millions en 1960, soit environ le double. C'est entre les années 1960 et 1980 que le remembrement devient réellement intensif. Environ 15 millions d'hectares ont été remembrés à ce jour. Ces remembrements successifs ont affecté tout particulièrement les paysages de bocages, supprimant 750 000 kilomètres de haies vives.

CULTURES, UN SEUL OBJECTIF : PRODUIRE PLUS !

La course aux rendements est lancée ! Les procédures d'expulsion sont publiées, basées sur une loi du 9 mars 1941, modifiée à deux reprises en 1975 et 1985. Son côté autoritaire permet de venir à bout des récalcitrants. Immédiatement, les terres recomposées sont redistribuées entre propriétaires pour former d'amples parcelles d'un seul tenant. Paysans, agriculteurs, fermiers, éleveurs ont la vocation à devenir des « industriels de la nature ». Les anciens paysages façonnés au cours des siècles par les anciens sont supprimés grâce en partie aux nouveaux bulldozers importés des États-Unis.

> Le bulldozer est un tracteur à chenilles muni d'une lame frontale permettant de déplacer des matériaux. L'outil de terrassement est une lame profilée portée par deux bras articulés qu'un mécanisme hydraulique permet de rabaisser ou de relever.

Au total, ce sont deux millions de kilomètres de haies qui vont disparaître du paysage bocager sous les mauvais coups des charrues de l'agriculture intensive. Les chemins d'exploitation sont aménagés pour permettre aux machines de circuler, les fossés creusés pour évacuer plus rapidement les eaux de pluie… Au cours de ces décennies, les paysans remplacent pioches et faux par tracteurs, pelleteuses, débroussailleuses et tous ces matériels agricoles, principalement importés des États-Unis. La taille des exploitations augmente. Entre 1967 et 1997, 60 % des exploitations françaises de moins de 20 hectares disparaissent, tandis que le nombre de celles de plus de 50 hectares double quasiment.

Quelques années plus tard, le constat est mitigé ! Les travaux de remembrement n'ayant pas pris en considération les conditions extrêmes imposées par la nature sont à l'origine de graves dommages. La suppression des haies, ces brise-vent qui protégeaient les cultures des orages et abritaient le bétail du vent, de la pluie, de la canicule et de la grêle, et qui servaient de refuge à de nombreuses espèces utiles en tant qu'auxiliaires de l'agriculture, va, au fil des saisons, être à l'origine de désordres mémorables. Et puis la course à la rentabilité impose aux agriculteurs d'exploiter d'immenses cultures comme le maïs, le tournesol, la betterave sucrière, cultures qui vont accélérer ce chaos en laissant la terre à nu chaque hiver. Aujourd'hui, en Bretagne, en Alsace et dans le Sud-Ouest, certains évoquent une catastrophe écologique ! En 2005, le remembrement est abrogé et remplacé par la « procédure d'aménagement foncier agricole et forestier » ayant un triple objectif : « limiter le morcellement des terres agricoles, favoriser l'aménagement des territoires ruraux et communaux, et respecter les équilibres environnementaux et le devenir des paysages ».

> **L'EXCEPTION…**
>
> La Sologne, d'une superficie de 600 000 hectares sur trois départements, le Loiret, le Loir et Cher et le Cher, est la seule région de France à ne pas avoir été affectée par le remembrement. Ses sols, souvent acides, qui gardent une image de terre inculte et insalubre, sont particulièrement difficiles à mettre en valeur sans aménagements lourds (drainage, irrigation). Leur composition leur donne une faible potentialité de production. Depuis plusieurs décennies, les surfaces cultivées disparaissent au profit d'un enfrichement et d'un boisement progressif suivant la dynamique naturelle.

PASSION DU CHIEN

LES APTITUDES NATURELLES DES CHIENS D'ARRÊT

L'origine de toutes les races de chiens ayant comme principales fonctions de faire découvrir, puis de permettre au chasseur de tirer du gibier en vol, sont intimement liées à l'histoire des armes à feu. C'est la vulgarisation, vers 1800, des premiers fusils de chasse portatifs pouvant être épaulés, qui ont rendu possible cette pratique.
Dès le milieu du XIXe siècle, les amateurs de chasse à la billebaude utilisaient des chiens de pays qui s'étaient adaptés à leur territoire et au gibier local. Les races émergentes étaient les épagneuls dans le Centre, le Nord et la Bretagne, les braques sur les pourtours méditerranéens et pyrénéens, sans oublier quelques griffons et barbets disséminés ici et là. Il est important de comprendre que les braques et les épagneuls se sont formés entre la Renaissance et la Révolution. Sous la Restauration, lors du retour des émigrés, quelques chiens étrangers franchirent nos frontières. Nos chiens continentaux virent alors leur suprématie discutée, car pour certains, tout ce qui vient de l'extérieur est réputé être supérieur. Plus tard, nos épagneuls et nos braques se voyaient transformés artificiellement dans les îles Britanniques, en devenant des setters et des pointers.

L'atavisme* chez nos chiens continentaux

Aujourd'hui, même s'ils ont fortement évolué depuis plus d'un siècle, nos chiens continentaux ont conservé la plupart des caractéristiques de leurs ancêtres. Ce « savoir-faire » a été acquis à chaque génération, en poursuivant un gibier local sur un biotope qui lui était propre. Au fil du temps, pour s'adapter à la suppression des haies, aux remembrements et à la recherche d'un gibier devenu plus rare et plus farouche, nos chiens continentaux se sont allégés. Cette évolution s'est faite aussi par une sélection rigoureuse, voulue d'une part, et, il faut bien l'avouer, aidée parfois grâce à l'apport de quelques géniteurs anglais de grande quête. Pour nos chiens d'arrêt continentaux, contrairement aux modèles anglo-saxons, l'intelligence de la chasse est l'un de ses principaux facteurs de réussite. Elle est le complément de l'allure, de la quête et du sens olfactif. C'est une coordination de ces divers moyens pour un emploi utile.

*L'atavisme est une variation d'un gène héréditaire, transmissible à la génération suivante.

Des aptitudes devenues naturelles

Élevées pendant plusieurs générations par des chasseurs rustiques peu soucieux des règles théoriques, nos races continentales étaient astreintes à ne chasser que sur des terrains très morcelés, parfois montueux, dont les nombreux obstacles naturels et artificiels rendaient pratiquement impossible une quête régulière sous le vent. De là, leur quête apparemment désordonnée reste incontestablement intelligente, commandée par les circonstances du terrain. La prudence reste l'un de leurs caractères essentiels. Braques, épagneuls et griffons ne se départissent jamais d'une attention continuelle et concentrée dans la volonté de trouver du gibier avec la crainte de le mettre à l'essor avant d'avoir pu l'arrêter. Il va de soi que cette prudence ne doit jamais rendre le chien timoré et l'inciter à hésiter, ou pire, à marquer de faux arrêts.

Le fabuleux talent des chiens anglais de grande quête

Dans le double dessein d'explorer le maximum d'espace dans le minimum de temps, beaucoup de chasseurs font le choix de chasser avec des setters et pointers. Chassant en émanation directe, ces chiens de feu possèdent généralement une puissance olfactive qui leur fait percevoir les odeurs à grandes distances. Or, certaines espèces, comme la perdrix rouge, la caille et la bécasse, ont comme principale défense de ruser à terre. Cela exige de la part du chien d'arrêt beaucoup plus de finesse que sur les oiseaux qui prennent leur envol à la première alerte. D'évidence, ces galopeurs ne peuvent s'attarder à suivre une piste à terre, car s'ils le faisaient, ils devraient pour cela baisser obligatoirement la tête et ralentir leur allure. Ces athlètes ont donc l'obligation de ne saisir que les émanations directes, et surtout, de les capter d'assez loin afin d'arrêter à prudente distante, et non pas trop près du gibier, ce qui le mettrait à l'essor. Ces aptitudes s'amenuiseraient si ces chiens s'intéressaient à pister un gibier sur de grandes distances.

Le « nez », mode d'emploi

On peut distinguer trois qualités au nez du chien : la puissance, la finesse, et ce fameux « savoir s'en servir ». La mesure de la puissance est la distance à laquelle le chien peut percevoir l'émanation d'un gibier classique. Car tous les gibiers ne répandent pas autour d'eux leur odeur de la même façon, ou la distance à laquelle ils répandent leur odeur est indépendante de son intensité. Cette propagation de la senteur semble suivre une courbe dont l'arc est plus tendu chez certains gibiers. La puissance du sens olfactif ne doit pas être appréciée non plus par la distance séparant le chien marquant l'arrêt du point où le gibier s'envole. Ce dernier a couru, et, la plupart du temps, le chien s'est immobilisé sur l'odeur de son passage. Or, beaucoup de gibiers ont comme la principale défense d'enchevêtrer leur piste. C'est pourquoi des races comme les épagneuls, les braques de Navarre et le griffon Korthals, qui ont toujours été utilisées pour chasser les oiseaux qui se défilent à pattes, ont un nez plus fin que les spécialistes des perdreaux gris de plaine, bien qu'ils possèdent un odorat, disons, moins puissant. La finesse est cette aptitude qui leur permet de discerner la nature et la valeur des émanations. Cela consiste à juger sans hésitation s'il s'agit d'une place chaude ou d'une présence réelle. Quand « au savoir s'en servir », le sens olfactif, pour s'exercer utilement, ne met pas seulement en jeu cet organe. L'intelligence du chien doit intervenir pour s'adapter au gibier qui est principalement recherché.

Mes chiens, mes complices, mes amis...

J'ai chassé avec différents chiens au cours de ma vie. Quatre continentaux se sont révélés être de redoutables auxiliaires. Tout d'abord, Noé, un braque français mâle, chien retors, fin de nez, au physique puissant, qui pistait les oiseaux sur de longs trajets et qui arrivait toujours à les bloquer à bonne distance. Puis, Noisette, une griffonne Korthals, qui possédait un odorat d'enfer allié à une intelligence supérieure. Malgré des moyens physiques qui pouvaient sembler ordinaires, Sybelle, ma deuxième chienne Korthals, s'est toujours montrée extrêmement meurtrière. Et pour finir, Jacka, une femelle épagneul breton qui s'est immédiatement démarquée comme étant hyper douée pour arrêter ou retrouver des oiseaux qui se défilaient dans des situations impossibles. Entretemps, l'envie du changement a fait que j'ai acquis plusieurs chiens anglais de grande quête. Mon premier a été un setter anglais à l'allure modérée, Tommy, qui ne chassait qu'en émanation directe. Puis, Céacé, une femelle pointer de feu à l'arrêt de plomb. Orange, une de ses filles au nez extraordinairement puissant était remarquable en grande quête. Alors, qu'en conclure ? Il est toujours difficile de faire des comparaisons avec ses propres chiens, les situations comme les conditions climatiques et la densité d'oiseaux n'étant jamais les mêmes. Bécassines de l'Adour, perdreaux gris de Beauce, bécasses que j'ai traquées sur Millevaches, je vous dois mes émotions les plus intenses. Dans mes souvenirs, votre poursuite est toujours associée à un de mes chiens, dont j'entends encore tinter le grelot, bien après qu'il s'est tu.

LE MONDE ÉTONNANT DES OISEAUX EN OCTOBRE

> Grâce à un géolocalisateur minuscule, il a été constaté que la *sterne arctique* parcourt plus de 70 000 km lors de son voyage de migration annuelle, soit le double de ce qu'on lui avait attribué.

Cincle plongeur

> Le *cincle plongeur* est un oiseau étonnant et unique parmi les *passereaux*. De la taille d'une *grive*, comme eux il sait se percher, trotter à terre et voler. Sidérant, il pratique avec maestria, la plongée, la nage et la marche sous l'eau dans les torrents et ruisseaux rapides et bouillonnants, son domaine quasi exclusif. Il y évolue toute l'année sans nous quitter, même en hiver rigoureux.

> Les *palombes* volent jusqu'à 2 500 mètres, lorsqu'elles franchissent les cols pyrénéens. Des pilotes d'hélicoptères en ont même observé volant à plus de 3 500 mètres. À cette hauteur, il est évident qu'un nombre important d'oiseaux en migration passe complètement inaperçu.

> Le *pluvier doré* affectionne les prairies rases, les terres en friche et les labours humides, alors que le pluvier argenté est inféodé aux rivages de la mer.

Autour des palombes

> L'*autour des palombes* et le *faucon pèlerin* n'émigrent pas, ils restent présents dans nos régions en hiver. Ils sont rares et discrets, très disséminés, cantonnés dans des endroits peu fréquentés par les citadins.

> Le *moineau friquet* est un proche cousin du *moineau domestique*. Vrai campagnard, il ne fréquente guère les agglomérations. Assez rare, sa ressemblance avec le « piaf », nuit à sa considération.

LA MIGRATION EN OCTOBRE

Voici venue cette période qui passionne tant les Paloumayres entre Pyrénées-Atlantiques, Dordogne, Lot-et-Garonne, Landes, Gers et Gironde. Que ce soit au vol ou à la palombière avec ou sans filet, en octobre, les premières arrivées des palombes sont particulièrement attendues dans le Sud-Ouest. Le gros passage tant espéré autour de la Saint-Luc, sera-t-il en avance ou en retard ? Tous se souviennent de 2012, qui avait été exceptionnel avec 2,2 millions d'oiseaux dénombrés. Il est pourtant avéré que depuis une dizaine d'années, la culture du maïs, qui s'étend à présent dans tout le Sud-Ouest, a radicalement modifié les habitudes ancestrales des oiseaux qui s'installent de plus en plus nombreux au pied des Pyrénées dont ils renoncent à franchir les cols. Le développement de cet hivernage semble concerner les populations d'Europe centrale. Le *pigeon ramier* est un migrateur partiel. Les oiseaux des régions tempérées et méridionales d'Europe n'entreprennent pas de migration, alors que les oiseaux des régions nordiques et continentales s'expatrient pour aller passer l'hiver sur la façade atlantique de l'Europe, dans la péninsule Ibérique, le nord des rivages méditerranéens, la Turquie et le Moyen-Orient.

LES VENTS

Le vent d'Est est encore une fois de loin le meilleur pour faire migrer les palombes. Viennent ensuite les vents de Sud-est et du Sud. Il y a peu de passage avec le vent de Nord-ouest

À OBSERVER

Diverses observations ont démontré que 68 % de la migration des palombes se déroule du 15 au 31 octobre, et que 65 % des palombes passent entre 7 et 11 heures.

LA PALOMBIÈRE

Des générations de paloumayres ont réussi à mettre au point cet art difficile, ce chef-d'œuvre d'observation et de finesse, qui s'appelle une palombière. Chasse dite traditionnelle depuis des siècles en Gascogne et dans les Landes, le paloumayre ne chasse la *palombe* qu'à poste fixe. Bien dissimulé, le chasseur attend patiemment à l'aide d'appeaux capuchonnés, des *palombes* prises lors des passages précédents dont il fixe les pattes à une raquette mobile reliée à une ficelle. Lorsqu'il aperçoit un vol passant à portée et se présentant à bon vent, le paloumayre tire la ficelle. La raquette s'élève, ce qui fait perdre l'équilibre à l'appeau qui bat des ailes. Le vol, en quête de repos et de nourriture, se trouve attiré et va quelquefois se poser autour des appelants. À cet instant, soit le paloumayre tente de faire descendre les *palombes* au sol pour en prendre quelques-unes au filet, soit il décide de les tirer au posé. Chacun conçoit sa palombière selon ses goûts et ses moyens. Avoir le privilège de passer une journée dans une palombière, c'est le plaisir de goûter, convivialité, amitié et jouissance gastronomique.

LES LOUTRES DE COURPALAY

Situé en Seine-et-Marne, à moins d'une heure de Paris, le village de Courpalay possède un charme certain. C'est un endroit privilégié où, dès 1956, mes parents m'emmenaient passer mes week-ends. Accompagné d'Iza, ma cocker, j'aimais me promener dans une campagne où le perdreau gris était roi. Ce qui m'amusait le plus était de m'asseoir avec ma chienne au bord de l'Yvron, un ruisseau de deux mètres de large, à la seule fin d'y observer une douzaine de loutres faire leurs évolutions. Joueurs et pas du tout farouches, les mustélidés poursuivaient dans une eau limpide, grenouilles et poissons qu'ils venaient déguster ensuite sur un des bords, parfois à quelques mètres de nous. Dès 1962, la pollution des cours d'eau, principalement liée à l'agriculture intensive du maïs et à l'urbanisation, a contribué à son déclin. En 1968, les loutres avaient disparu de l'Yvron. L'effectif de la loutre, estimé à plus de cinquante mille individus au début du siècle dernier, serait compris, principalement en Bretagne, entre mille et deux mille individus actuellement. La loutre est un mammifère carnivore de la famille des mustélidés, majoritairement piscivore. Son régime alimentaire est constitué entre 50 % et 90 % de poissons, le reste se composant de batraciens, petits mammifères, crustacés et parfois même d'oiseaux. La loutre pêche principalement en solitaire et quelquefois en bande.

⁕ Recette de gibier goûteuse et facile ⁕

Grives façon provençale

Voici un mets royal !
La grive est considérée, avec juste raison, comme un des meilleurs gibiers. Le plus difficile est d'en posséder une quantité suffisante pour faire un vrai menu. L'astuce, lorsque l'on chasse à plusieurs, est de regrouper tous les oiseaux le soir, puis d'affecter par tirage au sort l'ensemble à un seul chasseur.

Ingrédients pour 4 personnes

- 20 grives
- 20 bardes (tranchées très fines) de lard blanc
- 10 belles tranches de pain de campagne
- gousse d'ail
- sel
- poivre
- piment d'Espelette
- ficelle à cuisine

Préparation

1- Faites une bonne braise, de préférence avec des sarments de vigne bien secs.

2- Ficelez le lard autour des grives.

3- Déposez les tranches de pain frottées à l'ail dans une lèchefrite sous la broche.

4- Positionnez les grives bien attachées sur la broche.

5- L'astuce est de laisser cuire les grives… tout doucement.

6- Pour bien les déguster, il faut frotter les grives sur les pains, un délice !

Pour s'amuser au lion, il faut être deux… soi et le lion ! L'attendre à son repaire, l'ajuster froidement entre les deux yeux, et si on le manque, il ne vous manque pas.

Jules Gérard

ÉMOTIONS DE CHASSE *par Jean Castaing*

LA GASCOGNE

Quand l'oreille est accoutumée à ces chuchotements nouveaux, elle perçoit aussi le rappel des perdreaux. Jadis, on l'entendait au crépuscule dans toute la Gascogne, cet appel guttural qui se mêlait à celui plus discret des cailles ; sur chaque mamelon un coq ralliait sa compagnie éparpillée dans les vallons, des chaumes et des sainfoins, comme d'un marais le chant des grenouilles, montait l'hymne au soleil couchant… C'est bien là le paradis du perdreau. La bécasse y est, peut-être, plus rare qu'ailleurs, qu'en Gascogne par exemple ; mais la nature du terrain fait qu'elle est beaucoup moins difficile à trouver quand on connaît les tenues. Celles-ci sont non seulement précises, mais de peu d'étendue et sans liaison de l'une à l'autre, ce qui fait que, finalement, on peut en voir autant. C'est cependant dans la garrigue que se trouvent les plus nombreuses tenues. Parsemées de loin en loin, comme des relais dans le désert, rien ne les distingue particulièrement au chasseur qui ne les connaît pas ; cependant, quelques indices joints au flair du bécassier permettent de découvrir ces oasis secrètes. Telle est, avec son complément, cette terre gasconne, où l'alouette, jaillissant dans l'air pur du matin, plane dans le soleil aux accents mélodieux de sa chanson gauloise. Pays de l'alouette, aussi pays de l'ortolan, de la palombe et de la caille ; pays de choix pour le perdreau, le lièvre et le lapin. Pays de chasse : antique chasse aux rets de l'ortolan, de l'alouette et de la palombe ; chasse au fusil au chien d'arrêt, au chien courant et, même, chasse à courre que perpétuent quelques équipages landais. Pays où le mot « chasse » a conservé son véritable sens ; parce que, sauf rares exceptions, la chasse est libre dans le temps et dans l'espace.

NOVEMBRE
2021

NOVEMBRE

LUNDI	MARDI	MERCREDI	JEUDI	VENDREDI
sem. 44 TOUSSAINT 1	DÉFUNTS 2	HUBERT 3	● CHARLES 4	SYLVIE 5
sem. 45 GEOFFROY 8	THÉODORE 9	LÉON 10	◐ ARMISTICE 1918 11	CHRISTIAN 12
sem. 46 ALBERT 15	MARGUERITE 16	ÉLISABETH 17	AUDE 18	○ TANGUY 19
sem. 47 CÉCILE 22	CLÉMENT 23	FLORA 24	CATHERINE 25	DELPHINE 26
sem. 48 SATURNIN 29	ANDRÉ 30	FLORENCE 1	VIVIANE 2	FRANÇOIS-XAVIER 3

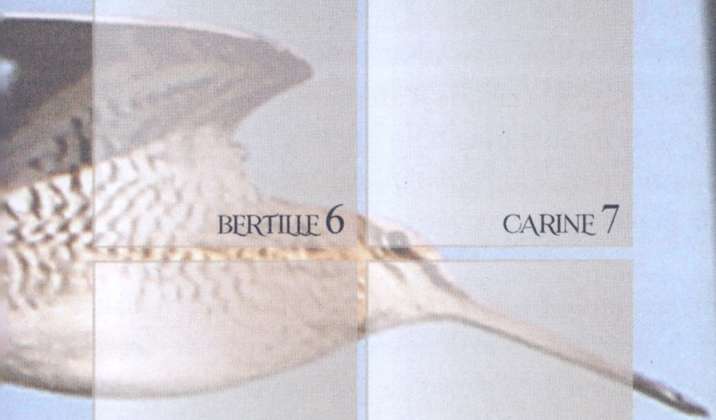

SAMEDI	DIMANCHE
BERTILLE 6	CARINE 7
BRICE 13	SIDOINE 14
EDMOND 20	PRÉS. DE MARIE 21
◑ ÉMELINE 27	JACQ. DE LA M. 28
BARBARA 4	GÉRALD 5

Du côté des livres

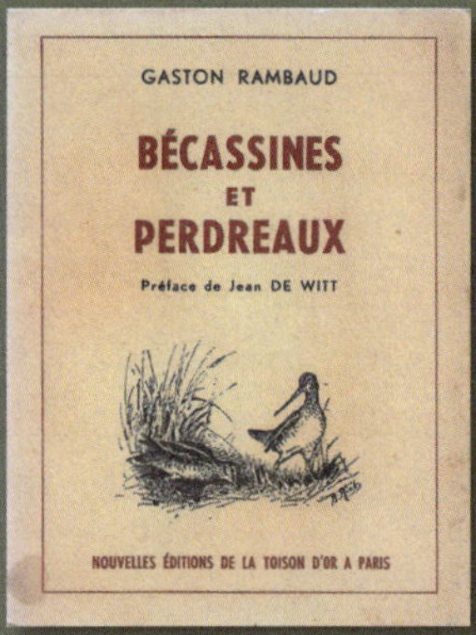

BÉCASSINES ET PERDREAUX

Gaston Rambaud - 1951

Préface de Jean De Witt

Cet ouvrage est une précieuse documentation sur la chasse de la bécassine, ce pur-sang du marais, ainsi que sur les battues de perdreaux et la chasse de la caille au chien d'arrêt, mais il est aussi le reflet d'une autre façon de vivre autrefois, ainsi que les pratiques de chasse sur gibier exclusivement naturel, ce qui peut rendre nostalgique.

En 1925, le hasard me fit faire la connaissance d'un actionnaire de la Sangsurière, un marais réputé de la Manche ; une place y était libre, je l'obtins, et depuis huit ans je suis actionnaire. La Sangsurière est certainement un des meilleurs marais à bécassines, peut-être le meilleur de la Manche. La chasse est assez pénible, mais le mal que l'on se donne est récompensé par les belles chasses que l'on peut y faire. Puis, le travail du chien est fort intéressant. Les bécots, assez nombreux, sont souvent fort difficiles à retrouver, et, sans chien, ils restent introuvables.

UNE HISTOIRE

Une levée d'étang surprenante

Mon armurier a bien insisté quand il m'a présenté mon nouveau fusil. « Dans la mesure du possible, évite de tirer des balles avec. Je ne dis pas que cela risque d'abîmer les chokes, mais c'est quand même préférable. » Ce fusil, je l'attends depuis plus d'un an. Réalisé à mes mesures, je trouve son équilibre irréprochable à chaque épaulement. J'ai choisi un calibre « 12 », crosse anglaise de 3,150 kg qui semble, a priori, me tomber à la perfection.

Quelques levées d'étang plus tard, je suis toujours aussi satisfait. Il est vrai que j'ai loupé quelques canards, mais la faute m'incombe, plutôt qu'à mon arme. Le fusil qui ne fera jamais louper n'existe pas, heureusement, sinon, où serait le plaisir…

Début octobre, mon ami Jean Nachbaur me propose de venir tirer quelques canards à Cherupeau, près de Vannes-sur-Cosson où il est actionnaire, invitation que j'accepte avec plaisir. L'ambiance est sympathique, le cadre magnifique et les canards toujours bien volants.

Le matin, après un petit déjeuner copieux, nous nous retrouvons à une dizaine de copains à écouter religieusement les directives de l'organisateur sur le déroulement de la journée, directives qu'il conclut en appuyant bien par les recommandations à la prudence.

Il termine son discours en nous précisant qu'en raison de la sécheresse, il est tout à fait possible que les rabatteurs lèvent quelques sangliers dans les roseaux qui bordent les étangs et qu'il est préférable d'avoir aussi des balles sur soi. Il faut savoir que certains étangs de cette propriété possèdent de superbes roselières. Jean s'approche de moi et me demande de lui confirmer que j'ai bien sûr moi quelques balles, vous savez, ces balles que l'on porte pendant des années, sans avoir la plupart du temps l'occasion de les utiliser. Je repense aux recommandations de mon armurier et je lui réponds que je ne désire pas tirer de balle, de crainte d'esquinter mes chokes. Là, il éclate de rire et me dit : « Cela me fait penser à notre façon d'agir lorsque l'on prend possession d'une voiture neuve. Dès le premier jour, on devient complètement maniaque, mais généralement, il suffit de quelques semaines pour que tout redevienne normal. Ton fusil, c'est pareil. Dans deux à trois mois, tu ne feras même plus attention à ce genre de choses. Alors, fais-moi plaisir, prends ça ! » conclut-il en me glissant une brennecke dans ma main.

Je souris en mettant la balle dans une poche, car je sais qu'il a parfaitement raison.

Mon poste pour cette première battue est situé sur une allée, dos à un bois assez fourré. J'ai devant moi, une mer de roseaux. Mes deux griffonnes, excitées comme des poux, sont assises, sages et frémissantes à mes pieds. Un long coup de trompe annonçant le début de la battue met immédiatement sur l'aile une trentaine de canards qui partent en paquet en retour. Quelques coups de fusil les accompagnent, et j'aperçois au loin quatre oiseaux décrochés haut dans le ciel. Au même instant, il me semble que la voix des rabatteurs monte d'un cran. Le vent est mal placé et les sons me parviennent par à-coups. Une menée de plusieurs chiens, après plusieurs hésitations, semble se diriger vers moi. Je réfléchis à toute vitesse et je me dis que… deux et deux, et bien, ça fait quatre.

Le cœur battant, je fais asseoir mes chiens, j'enlève rapidement mes deux cartouches, puis j'introduis la balle de l'ami Jean dans mon canon droit. Quelques instants plus tard, je perçois dans l'eau le bruit si caractéristique du trot d'un grand animal qui se dirige en direction de mon allée. Les vieilles habitudes me font mettre mon fusil à l'épaule, canons pointés en direction de l'endroit présumé où il devrait sauter. Les clapotis s'arrêtent, l'animal s'est immobilisé devant mon allée, à une quarantaine de mètres de l'endroit où je me trouve. Mes chiennes, qui me voient épaulé, sont toutes excitées. Pour les calmer, je les immobilise d'un petit « psitt » du bout des lèvres. Quelques secondes plus tard, je découvre avec stupeur le museau, puis la tête d'un sanglier sortir doucement des fourrés. D'évidence, celui-là connaît bien la musique. Les secondes s'écoulent, interminables. Je suis toujours épaulé, et je commence à trouver ma situation inconfortable. Brusquement, le sanglier bondit en force, et saute l'allée, droit devant lui. Instinctivement, je tire dans le mouvement.

C'est l'une des rares fois où je vois l'impact de ma balle frapper un animal. J'ai la vision d'une fleur de sang qui jaillit en bas de son épaule, sans le ralentir le moins du monde, d'ailleurs. D'après l'emplacement de la blessure, je sais que ma balle ne peut être que mortelle.

Heureusement, car je n'ai pas pu retenir mes chiennes qui sont toutes deux parties vers le ragot à mon coup de fusil. La majorité des griffons Korthals ont cette passion pour le grand gibier, passion qui est presque impossible à faire passer. Cette bête semble énorme, et je crains que mes chiennes se fassent blesser.

Pendant quelques secondes j'entends casser du bois, puis c'est le silence

Je parcours en me hâtant une centaine de mètres dans les gaulis, pour découvrir dans un fossé une grosse masse noire immobile que mes chiennes, arcboutées, tirent à chaque bout.

C'est un magnifique sanglier mâle, tout sombre et bien armé, qui semble vraiment impressionnant. Selon mon estimation, il doit peser bien plus que cent kilos.

Les premiers rabatteurs tout excités arrivent essoufflés en courant. Bien entendu, nous y allons tous de notre histoire, sans quitter des yeux le sanglier. Je calme et j'écarte mes chiennes pendant qu'un des rabatteurs passe une corde autour du groin du cochon. Lorsqu'un animal est abattu, chez les chasseurs de grand gibier, et plus particulièrement de sangliers, chacun y va de son estimation sur le poids. Ce que je fais bien sûr, en donnant la mienne, dans les cent vingt à cent trente kilos. Le rabatteur, qui est en train de lui ôter ses attributs, a un petit sourire en coin qui me laisse penser qu'il n'est pas de mon avis. Lui aussi, il annonce d'ailleurs son estimation… cent kilos environ. C'est à mon tour de sourire quand ils essaient à quatre de le déplacer en tirant la corde. La manœuvre semble plus pénible que prévu.

« Il est bien rond, admet un rabatteur.

– Et bien lourd, soupire le plus âgé. »

Quelques minutes plus tard, je me retrouve à porter les fusils de nos rabatteurs, pendant qu'ils s'échinent laborieusement à tirer le sanglier en direction de l'allée. Le camion est déjà arrivé sur place. L'animal est monté avec difficulté à l'intérieur, la chasse aux canards peut enfin continuer. Vers midi, nous nous retrouvons tous pour prendre l'apéritif. Le sanglier, qui est pendu à une poutre dans une grange, nous semble gigantesque. L'organisateur vient me complimenter et me confie que l'animal a été éviscéré immédiatement en raison de la chaleur. Curieux, je lui demande son poids.

« Son poids, me confie-t-il, est de cent trente-sept kilos…, vidé. »

Jean qui a tout écouté, va au camion, puis revient sourire aux lèvres avec les « suites » de l'animal à la main, tout en questionnant : « Et ça, vous ne l'avez pas pesé ? »

Chasseurs, rabatteurs et accompagnateurs, qui nous entourent, éclatent tous de rire. Une fois la pesée des bourses faite, l'organisateur annonce en souriant…

– Je rectifie ! Le poids est de cent trente-neuf kilos, vidé… et complet. »

À cet instant le plus comique est la tête éberluée que fait alors la toute jeune épouse d'un des invités, tout en murmurant.

– Deux kilos, oh ben ça alors…

LA CHASSE ET SES BOULEVERSEMENTS DE 1945 À NOS JOURS

1972 – L'IMPOSTURE ÉOLIENNE

Dans le doux paysage de France, les éoliennes remplacent aujourd'hui les moulins à vent. Nuisances visuelles, nuisances sonores, l'éolien terrestre et marin affecte la qualité de la vie d'une partie de ses riverains et des oiseaux migrateurs. Le nier serait une tromperie. On ne comprend pas vraiment pourquoi le ministère de la Transition écologique dément cette évidence. Comme on ne comprend pas du tout à qui profitent les énormes flux d'argent que génère cette manne obscure. Dans une vingtaine d'années, ces mêmes éoliennes en fin de vie devront être démantelées. Le coût de cette réalisation sera démentiel. Mais d'évidence, tout cet argent ainsi distribué par cette imposture aura disparu.

Malgré l'étude de 1985, suivie du rejet d'EDF sur le bien-fondé du projet d'installation d'un parc éolien en France, le ministère de la transition écologiste a imposé la mise en place de parcs éoliens terrestres et marins. Pourtant les chiffres qui sont avancés laissent perplexe. EDF produit son électricité à 0,0028 euro le kilowattheure. EDF a l'obligation d'acheter le kilowattheure éolien terrestre à 0,0085 euro, et à 0,013 euro le kilowattheure éolien installé en mer. Alors, pour ne pas être déficitaire, EDF impose à ses clients une taxe nébuleuse de 5 %, appelée CSPE, pour Contribution au Service public d'Électricité. Cette taxe représente un montant de 2,5 milliards d'euros par an.

Car construire une éolienne, ce n'est pas rien. Une éolienne a une durée de vie de quinze à vingt ans. La fixation du socle exige de faire couler pour chaque éolienne 1500 tonnes de béton en terre, 3000 tonnes en mer. En fin de vie, le coût du démantèlement d'une éolienne coûte 500 000 euros, à charge pour le propriétaire ou la commune. Pourtant, il est prouvé que les éoliennes sont de faibles fournisseurs d'électricité, et des obstacles mortels pour les oiseaux. Malgré ça, il est prévu d'implanter des champs d'éoliennes en pleine mer. La construction du parc éolien en mer au large du Calvados (Normandie) est désormais lancée, après la signature de l'ensemble des accords de financement, a annoncé lundi 22 février 2021 EDF Renouvelables, Enbridge et wpd, membres du consortium porteur du projet. Ce parc éolien maritime sera obligatoirement un véritable désastre pour les migrateurs, qui empruntent par millions ce couloir deux fois par an. Broyés par les pales des éoliennes dont l'extrémité tourne à la vitesse de 270 kilomètres par heure, les cadavres d'oiseaux déchiquetés disparaîtront en mer, ne laissant aucune trace de ce méfait.

▶ La France, avant le démantèlement de la centrale nucléaire de Fessenheim, produisait plus d'électricité qu'elle n'en consommait. La proportion d'électricité produite à partir d'éléments fossiles par pays est édifiante : Allemagne 62 %, Royaume-Uni, 71 %, Danemark, 88 %, France, 9 %.

Il n'est pas étonnant qu'aucune étude sérieuse ne soit arrivée à démontrer la légitimité des éoliennes comme fournisseur d'électricité. Car ces études doivent prendre en compte tous les investissements, comme son acquisition, son implantation, sa maintenance, ses frais annexes, comme assurances et pièces détachées, sans oublier la consommation d'électricité à EDF, sachant

qu'une éolienne ne peut rester longtemps au repos, et qu'en cas de vents faibles, un moteur doit faire tourner ses pales régulièrement. Il faudrait prendre aussi en considération qu'une centrale de cinq éoliennes de 2 mégawatts rapporte chaque année, 60 000 € à la commune, 60 000 € au département, 12 000 € à la région et 15 à 25 000 € au propriétaire du terrain, soit 10 à 20 fois plus que de cultiver du blé ou élever des bovins. La conclusion est que l'énergie éolienne n'est économiquement viable que grâce aux taxes prélevées par EDF à tous ses clients.

▶ La Chine est devenue le numéro un mondial de fabricants de systèmes éoliens, dépassant le Danemark et l'Allemagne. Venus directement par bateau depuis ce pays, la majorité des composants sont importés avant d'être assemblés en Europe, ce qui n'est pas du tout écologique. Le secteur a pourtant alerté les pouvoirs publics, mais ces derniers semblent trop occupés à installer éolienne sur éolienne sans se soucier des coûts et sans tenir compte du made in France ou des relocalisations.

Il est intéressant d'expliquer comment fonctionnent les éoliennes. Une éolienne standard développe une puissance de un mégawatt (1 000 kilowatts). C'est une puissance maximale. Par comparaison, un réacteur nucléaire a une puissance standard de un gigawatt (1 000 000 kilowatts). Et c'est une puissance de croisière, c'est-à-dire constante. Pour une éolienne, la puissance d'un mégawatt est donnée dans un vent de 80 km/h (au-delà, il faut freiner la machine pour ne pas la détruire).

Sous un vent de 80 km/h, l'éolienne produit son maximum : un mégawatt.

À 40 km/h, soit 2 fois moins, l'éolienne produit 8 fois moins, soit 0,125 mégawatt.

À 20 km/h, soit 4 fois moins, l'éolienne produit 64 fois moins, soit 0,015 mégawatt. C'est une puissance négligeable, apparemment la machine tourne, mais elle ne fournit presque rien. Or, non seulement le vent change à tout moment, mais un vent de 20 km/h est beaucoup plus fréquent, et c'est plus heureux, qu'un vent de 80 km/h. Tel est le drame des éoliennes, leur imposture fondamentale. En moyenne annuelle, elles ne fournissent pas plus de 20 à 25 % de leur puissance nominale, ce qui est dérisoire.

▶ Aux États-Unis, ce sont huit mille pales d'éoliennes qui sont remplacées tous les ans. Une fois qu'elles ont atteint leur fin de vie, les pales sont démontées, puis coupées en morceaux, et enterrées, les unes contre les autres, comme dans une fosse commune d'un cimetière. L'entreprise française Veolia, anciennement connue comme Vivendi Environnement, est le fabricant de ces éoliennes. Veolia confirme que malheureusement, à l'heure actuelle, il est impossible de créer des éoliennes recyclables. « Les pales d'éoliennes resteront là pour toujours, car les pales ne se dégraderont jamais », avoue, dépité, Bob Cappadona, directeur des opérations de l'unité américaine de la société française. À quand notre cimetière ?

PASSION DU CHIEN

L'ÉPAGNEUL FRANÇAIS

Comme le braque est une race typiquement méridionale, l'épagneul est indéniablement une race du nord. Pendant très longtemps, le mot épagneul désigna dans nos provinces l'ensemble des chiens à poil long comme les barbets, les caniches et les griffons. Les épagneuls, ces chiens de pays utilisés par des chasseurs locaux, ont toujours été majoritairement sélectionnés sur leurs qualités utiles et pratiques. L'épagneul français est l'auxiliaire idéal du chasseur solitaire et rustique, désirant un chien d'arrêt robuste, insensible aux différences climatiques, apte à chasser du même pied pendant plusieurs jours, faciles à éduquer, à l'arrêt et au rapport inné, à terre comme à l'eau, chassant exclusivement pour son maître. Notre épagneul national s'adapte à tous les biotopes comme plaine, bois et marais.

Son histoire

Jusqu'en 1860, l'essor de l'épagneul français est ascendant. Mais, à partir de cette date, l'élevage de l'épagneul français va progressivement être délaissé au profit de races anglaises, comme setters, pointer et springers, plus à la mode du moment, donc plus vendables. Vers 1880, bien qu'encore utilisé par quelques chasseurs ruraux, notre épagneul français avait pratiquement disparu des expositions. Heureusement, quelques inconditionnels entreprirent de maintenir sa race. D'abord, le cynophile James de Coninck, qui élabore un premier standard en 1891, standard remis à jour en 1937, qui fit adopter la robe blanche et marron à l'exclusion de toute autre. C'est peu après la création du Club de l'Épagneul, en 1906, que l'abbé Fournier, un autre adepte de cette race, réunissait dans son élevage quelques épagneuls français homogènes subsistants, et lui évitait une disparition programmée. Ce sont les quelques sujets de l'abbé Fournier qui sont à l'origine des épagneuls que nous possédons actuellement. Après les deux dernières guerres, l'élevage de notre épagneul français, comme beaucoup de races continentales, était en décrépitude, et l'on se demandait si celle-ci n'allait pas disparaître. Il faut dire que la vogue, auprès des chasseurs, des setters, pointers, et autres chiens des pays de l'Est, lui avait porté un rude coup. Mais, soit qu'on ait attribué trop de chiens de grandes quêtes à des chasseurs ne sachant pas forcément s'en servir, soit que beaucoup d'entre eux aient gardé la nostalgie de nos vieilles races continentales, plusieurs amateurs et éleveurs entreprirent avec courage et détermination de ressusciter notre épagneul français.

Les qualités avérées de l'épagneul français

Pendant des siècles, l'épagneul français a été considéré comme une race unique. Contrairement au braque de Navarre et à son éclatement en multiples sous-races, l'épagneul français a conservé son unité pendant des siècles. Les éleveurs considéraient que les dissemblances, non individuelles, mais propres à certaines familles, étaient, comme pour les braques, la conséquence du biotope où ils vivaient, de leur nourriture ou de la consanguinité. Il aurait été pourtant facile de le scinder en variétés distinctes, mais les éleveurs d'épagneuls devaient sans doute être moins épris d'esprit régionaliste que ceux des braques. Les caractères cynégétiques d'un chien d'arrêt se rattachent à différents critères qui dépendent de son physique, de sa constitution squelettique et musculaire, et de son mental. Du premier dépendent l'allure, la quête et l'attitude. Des seconds, le pouvoir olfactif dans ses divers aspects. Le dernier conditionne la coordination intelligente des deux autres. L'épagneul français rassemble toutes les qualités utiles que recherche dans un chien le chasseur en quête d'un auxiliaire qui saura répondre à ses attentes. Il faut souhaiter que grâce aux éleveurs ayant repris en main sa destinée, notre épagneul français garde encore longtemps la place qu'il mérite parmi nos chiens nationaux.

En chasse pratique

Le choix d'une race est souvent déterminé par son environnement, son expérience, une bonne réputation, la mode, et ce qu'on en dit. On voit peu d'épagneuls français à la chasse. Pourtant, bien des chasseurs s'épargneraient bien des déboires s'ils choisissaient leur chien en fonction de leurs besoins et de leur tempérament, plutôt qu'en se fiant aux slogans de la mode ou au choix du voisin. Sur certains territoires, il est parfois difficile d'utiliser un chien de grande quête. Le choix d'un épagneul français est une option pas si sotte que ça, car la manière de chasser de ce chien à tout faire correspond tout à fait aux chasseurs ruraux. Bien que devenu rare, il subsiste encore, ici et là, quelques individus qui donnent entière satisfaction à leur propriétaire. Ses allures moyennes, composées de trots allongés et de petits galops, sont des qualités qu'apprécie particulièrement le chasseur chassant plusieurs jours de suite avec un chien unique. Quêtant principalement le nez haut en émanation directe, l'épagneul français a cette qualité rare de savoir pister sur de longues distances, tout en contrôlant, un oiseau qui se défile. Bien éduqué, il arrête comme un piquet et patronne souvent naturellement. Son rapport, à terre et à l'eau, est naturel. Remarquablement intelligent, calme, souple, bon compagnon, l'épagneul français s'adapte parfaitement à la manière de chasser de son maître.

Son physique

L'épagneul français connaît aujourd'hui un renouveau. Harmonieusement proportionnée, son ossature est forte sans être grossière. Malgré une musculature importante, ce chien donne une impression de noblesse par la pureté de ses lignes qui révèle énergie et résistance propre à son utilisation. Son évolution, naturelle ou voulue, aidée parfois par un apport léger de sang anglais, en fait un chien moins épais, plus rapide, plus actif qu'autrefois. Sa robe reconnaissable est marquée de marron sur fond blanc, mouchetée ou non, à l'exclusion de toute tâche de feu. Il possède une tête longue assez large, un museau terminé en carrure légèrement affinée. Son oreille est longue et large, plantée assez bas, avec de longues soies ondulées. Le poil est plat sur le corps et sur les membres, ondulé dans le dessous. Son encolure est bien dégagée avec un ensemble qui n'est nullement bréviligne, ses cotes sont bien galbées, sans exagération. Le dos est assez long, la croupe un peu harpée. Son allègement n'a pas été poussé, ni même dirigé vers l'obtention d'un squelette de galopeur. L'ensemble est celui d'un chien distingué, puissant, indiquant la rusticité, le calme et la pondération.

Poids : 20 à 27 kg
Hauteur au garrot : 51 à 61 cm

L'apparition de sous-races d'épagneuls

Ce n'est qu'au début du XXe siècle qu'apparaissent diverses variétés d'épagneuls comme le Picard, le bleu de Picardie et le Pont-Audemer. Certains se différenciaient par la couleur de leur robe ou de leur grandeur. Pourtant, de tout temps, il y eut des épagneuls de différentes tailles et de couleurs diverses. Bien que la plupart des épagneuls représentés sur les illustrations anciennes soient de robe à fond blanc avec taches marron, les différentes couleurs de pelage, comme le noir et gris, ont existé de tout temps.

LE MONDE ÉTONNANT DES OISEAUX EN NOVEMBRE

> Beaucoup d'*oies cendrées* ne rejoignent pas les stationnements hivernaux d'Andalousie pour passer l'hiver en Hollande, en Belgique et en Allemagne. Des températures fortement négatives les obligeront à migrer et à traverser notre pays.

Oies cendrées

> Les *fuligules milouins* et *morillons* cueillent leurs aliments sur les fonds vaseux riches en végétation immergée. Leur capacité de plongée est limitée à quatre mètres de profondeur et à une durée de dix à trente secondes.

> La majorité des oiseaux terrestres européens migrant sur de longues distances vont en Afrique, excepté la *pie-grièche écorcheur,* qui elle, s'en va hiverner au Moyen-Orient.

> Les oiseaux de passage comme l'alouette des champs, le rouge-gorge et le pouillot véloce ne font que traverser nos régions en effectuant de courtes haltes pour reconstituer leurs réserves énergétiques qui leur serviront de carburant.

> Au cours d'une halte vers leur zone d'hivernage, *canards siffleurs*, *fuligules milouins* et *morillons*, *sarcelles d'hiver*, *grèbes huppés* et *foulques macroules* stationnent par centaines, sur les grands plans d'eau, lacs et étangs non gelés.

Milouins et morillons

LA MIGRATION EN NOVEMBRE

Les migrateurs apprennent par expérience et finissent par se familiariser avec les régions qu'ils survolent. Par contre, les obstacles physiques comme montagnes, déserts et océans deviennent de véritables barrières, ce qui est le cas du Sahara, qu'une majorité d'oiseaux refusent de traverser. En fait, à peine un tiers des espèces hivernant en Afrique franchissent ce désert. Il est vrai que la traversée du Sahara représente plus de deux mille cinq cents kilomètres de sable, sans eau ni nourriture, ce qui explique le choix des oiseaux à le survoler la nuit. Mais, grâce aux radars, il a été démontré que certaines espèces faisaient des haltes dans la journée, alors que l'on imaginait qu'elles le traversaient d'une traite. Cette région est particulièrement difficile à franchir à la descente, car les vents contraires obligent souvent les migrateurs à voler bas, ce qui les expose à de fortes chaleurs.

LES VENTS

Les passages marquants ont lieu par vents du nord et de secteur est. Le plus néfaste est le vent d'ouest.

À OBSERVER

Le survol par des dizaines de milliers des grues cendrées s'effectue dans un couloir aérien large d'environ deux cents kilomètres qui traverse la France selon une diagonale allant du nord-est au sud-ouest.

LE PACTE AVEC LE VENT DU HUTTIER

Novembre avec des températures trop douces est néfaste à la hutte. Si les vents restent trop longtemps favorables, le passage s'égrène lentement. Les changements de vent ont souvent lieu deux jours avant ou après la pleine lune. Les très grands froids dans le Nord-Est de l'Europe déclenchent toujours une migration. Par contre, une vague de froid locale n'amène en général aucun gibier. Lorsqu'arrive brusquement le vent d'Est, en passant dans le sens des aiguilles d'une montre, le passage est brutal et en masse. Le passage commence presque toujours dès que le changement de temps se fait sentir. En novembre, les vents à tendance à l'est sont (en principe) toujours favorables à la hutte. Les nuits de pleine lune amènent souvent un changement de temps. La passée du matin est de loin la plus favorable (sept fois plus qu'à la passée du soir). De très grosses boutées ou migrations peuvent se produire avec des vents réputés mauvais.

Hutte

Une balle avait suffi pour abattre le premier buffle. Il en avait fallu treize pour venir à bout du second ! Je pris conscience ainsi de l'extraordinaire vitalité de ces animaux et du très grand danger que peut faire courir au chasseur qui les affronte, la moindre imprudence.

Louis Georges

ÉMOTIONS DE CHASSE *par George Bordenove*

LA VÉNERIE DU LOUP

Je suis sûr qu'au fond, nos chasses ne vous semblent..., comment dirais-je, pas très sérieuses ?
Un long silence se fit. La réponse du grand veneur commença dans un murmure : « En effet. Les cerfs, les sangliers, les renards sont des gibiers de débutants, de demoiselles, juste assez bon pour se faire la main. »
Il y eut des « Oh ! » indignés. M. de Quatrelys continuait imperturbable :
– Et quoi ! Mes amis ? Le sanglier n'est qu'un cochon denté. Le renard, un petit capitaine qui ne mérite pas sa réputation. Quant au cerf, c'est un mauvais cheval cornu : si peu que vous ayez de l'expérience et que vos chiens soient de qualité, dès le lancer, vous êtes sûr que l'hallali est en bout de course.
– S'il cherche le change ?
– La ruse se décèle au changement d'allure, et se déjoue ; non, mes chers amis, non et non, ce ne sont point là des chasses véritables, tout au plus un jeu de massacre ! Il n'est de vraie chasse que le loup d'au moins trois ans. C'est lui et lui seul qui est seigneur de nos forêts, bête intelligente, résistante et redoutable ! Il médite sa défense au lancer et s'y tient. Pas un instant on le prend en défaut, il ne perd pas la tête. Ses ruses sont mémorables, innombrables, perfides au suprême degré. Quand il s'estime perdu, il ne renonce pas, ne s'agenouille pas sous le couteau ; il tente encore ; il rend coup pour coup. Son dernier quart d'heure est le plus malaisé, le plus fertile en surprises. J'en ai vu se jeter à la gorge de mon bidet. D'autres m'ont mordu aux cuisses et aux avant-bras. On ignore comment il saura périr, si sa défaite ne lui inspirera pas quelques inventions sauvages. Parvient-il à se désaltérer, il se refait, tout recommence. Il peut couvrir cinquante lieues d'une traite, tenir cette allure presque pendant trois jours. Oui, mes amis, c'est là une chasse de haute école, une aventure en comparaison avec rien, renouvelée à chaque sujet.

DÉCEMBRE
2021

DÉCEMBRE

Lundi	Mardi	Mercredi	Jeudi	Vendredi
sem. 48 Saturnin 29	André 30	Florence 1	Viviane 2	Francois-Xavier 3
sem. 49 Nicolas 6	Ambroise 7	Imm. Conception 8	Pierre Fourier 9	Romaric 10
sem. 50 Lucie 13	Odile 14	Ninon 15	Alice 16	Gaël 17
sem. 51 Théophile 20	Hiver 21	Francoise-Xavière 22	, Armand 23	Adèle 24
◑ sem. 52 Jean 27	Innocents 28	David 29	Roger 30	Sylvestre 31

....

....

....

....

....

....

SAMEDI	DIMANCHE
● BARBARA 4	GÉRALD 5
◐ DANIEL 11	JEANNE F.C. 12
GATIEN 18	○ URBAIN 19
NOËL 25	ÉTIENNE 26
JOUR DE L'AN 1	BASILE 2

Du côté des livres

BÉCASSES EN LIMOUSIN

Guy Dubois - 1996

« J'ai été amené à croire que le comportement d'une Mordorée qui passe l'hiver chez nous n'est pas forcément identique. Et ayant voulu pendant longtemps juger l'oiseau hivernant à la façon d'un migrant, je crains d'avoir commis beaucoup d'erreurs. Je pense maintenant qu'une bécasse établie ici en janvier et février utilise des cantonnements distants l'un de l'autre de cinq cents mètres à un kilomètre. Elle peut aller de l'un à l'autre d'un seul vol. Ou bien, elle peut s'arrêter en chemin. Dans ce cas, elle ne restera que quelques instants là où elle s'est posée. Le plus souvent, lorsque le setter y parviendra, il se mettra à l'arrêt et... la place s'avérera vide. »

UNE HISTOIRE

Claude Khan, mon ami farfelu

Connaissez-vous Vimy ? Situé près d'Arras, c'est là que se déroula en 1917 une victoire décisive contre l'envahisseur, chèrement payée par l'armée canadienne. Elle coûta tellement de vies, qu'en 1922, le gouvernement français reconnaissant, offrit ce lieu devenu mythique au Canada, qui fit ériger là, un prestigieux mausolée.

Pendant de nombreuses années, Charles Legay, ce célèbre tireur de pigeons, est locataire de ce territoire extrêmement giboyeux. Le paysage garde encore les cicatrices infligées par les obus, mais paradoxalement, le petit gibier y abonde. Ce jour-là, je déjeune avec mon copain Claude Khan qui vient justement d'y chasser la veille. Son éternel cigare vrillé aux lèvres, la mine déconfite, mon ami me dit avoir passé une journée calamiteuse. Bon, j'avoue qu'entendre Claude parler de ses déboires est toujours un petit plaisir pour moi. Mon copain rallume pour la unième fois son cigare, puis, d'un ton abattu, il m'explique qu'il avait découvert pour s'y rendre, une sortie non fermée sur l'autoroute. « Pour m'amuser, j'ai voulu m'y engager avec ma Range Rover. Ce que je ne savais pas, c'est qu'il avait énormément plu dans la semaine. À peine engagé, je me suis retrouvé embourbé jusqu'aux essieux. Une voiture de gendarmerie est arrivée pile à cet instant. Résultat, j'ai pris une amende gratinée, plus le prix d'un remorquage qui n'était pas donné ». Voyant mon air faussement navré, Claude rajoute. « Arrivé en retard, j'avais manqué la première traque. Posté pour la suivante, deux pigeons me passent à portée de fusil. Je tire, et, pour une fois, je fais le doublé. Tout content, je ramasse mes pigeons, et constate qu'ils sont bagués. J'annonce en riant à mon voisin qu'ils étaient mariés. Alain, je ne sais pas comment est apparu ce garde. Celui-ci m'a confisqué mes pigeons, et paf ! une autre amende, bien salée. Tuer un pigeon voyageur dans le Nord », m'a-t-il dit, « c'est quasiment un crime. » Voilà, ça c'est du Claude. En vérité, rien qu'à l'observer, le physique de mon ami prête à sourire. Petit, rondouillard, presque chauve, il laisse constamment pendre un énorme cigare au milieu de ses lèvres. Toujours souriant, il dégage une sorte de bien-être, car Claude est, à l'évidence, un homme heureux. Propriétaire d'une boutique de vêtements dans le sentier, il pratique avec assiduité ses passions qui sont, la chasse, le tir, les boules et le poker, sans oublier les femmes, car malgré un physique qui peut sembler ingrat, Claude séduit.

Bien que piètre chasseur, toutes les pratiques l'intéressent. Depuis des lustres, Claude me demande de l'emmener chasser la bécassine en baie des Veys. Prévoyant justement un déplacement, je me décide à le convier. Rendez-vous est pris à Isigny pour aller faire la passée du matin en baie lors ce mois de novembre. Nous serons accompagnés de Pierre Mattei, autre excellent tireur. Indéniablement, cette journée de chasse restera marquée dans nos mémoires. Une fois rendus, nous nous séparons avant la pique du jour. Il n'y a pas mal de mouvements d'oiseaux, j'ai la chance de tuer deux siffleurs et un courlis. La passée terminée, nous voyons Claude revenir trempé, gris de vase. Les cheveux collés, notre Nemrod a perdu son éternel cigare et fait pitié à voir. « Je regardais les mouettes dans le ciel, et je n'ai pas vu un des fossés », s'excuse-t-il. Puis il éclate de son rire si communicatif. Nous le bouchonnons avec des couvertures tout en le chahutant un peu, puis nous nous rendons à l'hôtel où nous avons réservé des chambres pour la nuit prochaine. Après un copieux petit déjeuner, Claude déniche dans son coffre quelques rechanges, genre survêtements, qui ne font pas très « chasse ». Enfin, vers les dix heures, nous voilà enfin partis en quête de bécassines dans les marais de Carentan. En hiver, les prés ont la particularité de ne pas être grillagés, mais d'être séparés par des fossés plus ou moins larges, remplis d'eau. Pour passer d'une pâture à l'autre, il faut prendre son élan pour sauter. Par contre, il est essentiel de bien regarder ses pieds avant, car on trouve régulièrement du grillage posé dans l'herbe, grillage relevé l'été pour pallier le manque d'eau. Avant qu'il ne saute, je demande à Claude de faire attention, mais, bien entendu, ce qui doit arriver... arrive. Claude prend son élan, court, et s'étale de tout son long, tête la première dans l'eau, une de ses bottes, immobilisée par du fil de fer. Pour la deuxième fois consécutive, mon copain se relève, trempé de la tête aux pieds. Par contre, il est hors de question de retourner à l'hôtel, car par chance, les bécassines sont présentes. Claude vide ses bottes, tords pantalon et veste, et nous revoilà repartis. Se présente un autre fossé, et là, je vous assure que je n'invente rien. Je saute le premier, suivi par Pierre. Puis, dubitatifs, nous observons Claude qui s'élance... et nous assistons exactement à la même scène. Notre chasseur s'immobilise en l'air, puis il fait un superbe plat sur l'eau. Pierre, interloqué, me demande s'il ne le fait pas un peu exprès. Moi, qui le connais, je sais bien que non, mais je préférerais chasser que regarder mon copain faire le pitre. C'est le soir que Claude nous a bluffés. Revenu aux voitures après la passée, notre ami retrouve toute sa vitalité. D'abord, il prend dans sa réserve un énorme cigare qu'il allume voluptueusement. Puis, il sort de son coffre pantalon, blaser, chemise, cravate et chaussures. Il s'habille en quelques minutes, puis, tout guilleret, il s'assied derrière son volant en nous disant : « Mille mercis pour cette journée mes amis. J'ai un rendez-vous galant à Paris. Alain, n'oublie pas ! Si tu rencontres « qui tu sais », dis-lui bien que j'ai couché cette nuit à l'hôtel ». Et le voilà parti, tout ragaillardi. Pierre, interloqué, le traite d'extraterrestre.

En juin, Claude décide de participer au Championnat de France de tir aux hélices au Bois de Boulogne. Mon ami, qui utilise un semi-automatique, se débrouille bien, mais il n'a jamais été un grand fusil. Le concours démarre. Je ne fais pas trop attention à lui, mais dans l'après-midi, je découvre, surpris, que Claude a cassé toutes ses hélices. Le voir se diriger vers la planche de tir est un spectacle qui fait sourire tous les tireurs. Son sempiternel cigare pendu aux lèvres, qu'il n'enlève même pas pour tirer, Claude est la décontraction personnifiée. En fait, casser ou louper n'est pas vraiment

important pour lui. Eh bien, cette fois-là, peu s'en faut qu'il soit consacré champion de France. Le soir, nous avons fêté sa réussite une bonne partie de la nuit.

Son étourderie restera légendaire. Je suis invité à chasser le petit gibier près de Gisors. La veille, coup de téléphone de Claude, qui me dit être convié également, et que ce serait bien plus sympa que nous fassions la route ensemble. Traduction, peux-tu m'emmener ? Je passe donc le prendre le matin de bonne heure. Sur la route, je m'arrête dans une station-service pour faire de l'essence et satisfaire une envie pressante. Claude, gentiment, propose de faire le plein. Nous repartons, mais au bout d'une centaine de mètres, mon moteur commence à avoir des soubresauts, pour s'arrêter définitivement. Claude possède un moteur diesel, moi pas. Nous avons laissé ma voiture sur place, pris un taxi, et loupé les deux premières battues. Ce genre d'étourderie ne s'oublie pas, croyez-moi ! Je n'ai pas de nouvelle de mon copain depuis deux mois. Surprise ! Je reçois ce matin une lettre de Claude qui vient d'Argentine. Celui-ci m'informe qu'il vient d'acheter une maison en bord de mer dans ce beau pays. Il m'écrit que la vie n'est pas chère, surtout les cigares, qu'il a trouvé une jeune et belle fiancée locale, qu'il fait toujours beau, et que son habitation se trouve devant l'embouchure d'un fleuve réputé, bourré de canards, et que la densité en bécassines est ahurissante. Il conclut en me faisant part qu'il aimerait beaucoup m'héberger, et qu'il attend impatiemment ma venue.

Bon ! Je dois avouer que je trouve sa proposition vraiment alléchante, mais connaissant le côté, disons... farfelu de mon ami, j'hésite un peu.

Dites-moi ! Que feriez-vous à ma place ?

LA CHASSE ET SES BOULEVERSEMENTS DE 1945 À NOS JOURS

1975 – L'EXAMEN OBLIGATOIRE DU PERMIS DE CHASSER

Jusqu'aux lois de décembre 1974 et mai 1975, le permis de chasser était obtenu sans examen dès l'âge de seize ans, simplement en adhérant à une des Fédérations départementales des Chasseurs et en payant une vignette annuelle. Ces mêmes lois redéfinissent le financement de la chasse : les Fédérations départementales des Chasseurs étaient antérieurement dépendantes des subventions versées par le Conseil supérieur de la chasse et de l'Office Nationale de la Chasse. À dater de là, elles deviennent financièrement autonomes en ayant le droit de toucher une taxe versée par les chasseurs.

Vers le début des années 1960, les dirigeants de la chasse française décident d'instaurer un examen du permis de chasser. Il semble à tous évident que le maniement d'une arme, ça s'apprend, et qu'un fusil de chasse n'a qu'une seule vocation, celle de tuer ! Et d'exiger qu'un jeune, ou un moins jeune, désirant pratiquer pour la première fois la chasse, devienne compétent en ayant appris sa manipulation est élémentaire. Jacques Hamelin, le président de l'Union nationale des Fédérations départementales des Chasseurs de cette époque, conscient de la nécessité de restaurer l'image du chasseur auprès des populations, engage les pourparlers avec l'ONC et le nouveau ministère de l'Environnement afin que les aspirants chasseurs passent un examen théorique sur la base de diapositives, à l'instar du permis de conduire.

Des négociations pour la mise en place de cet examen s'engagent dès 1967 entre des associations écologiques et les fédérations de chasseurs, ce qui n'est pas si simple, car certains chasseurs appréhendent la remise en cause de cet acquis de la Révolution française, et ils voient cet examen comme une première étape à la suppression de la chasse.

Ce nouveau permis de chasser, d'abord délivré par le préfet du département, puis par simplification administrative (à partir du 1er septembre 2009) par le directeur général de l'ONCFS, est un document permanent qui vaut alors pièce d'identité, comme le permis de conduire. Il est basé sur une épreuve théorique obligatoire à partir de 1976. La première année, il affiche un taux de réussite de 96 %, 87 % la deuxième année et 70 % la troisième.

Cet examen est complété par des épreuves pratiques complètes depuis le 1er janvier 2003. Vingt-et-une situations réparties sur trois ateliers différents sont au programme : parcours de chasse avec tir à blanc ; tir à cartouches réelles sur des plateaux d'argile colorés symbolisant des espèces chassables ou protégées ; tir à l'arme rayée sur sanglier courant pour simuler un tireur posté en battue de gros gibier. Les détenteurs de l'ancien permis de chasse (appelés « permis blanc ») sont dispensés de l'examen. Ces épreuves ne peuvent se dérouler, sous l'égide des fédérations, que dans des installations départementales certifiées par l'ONCFS et conformes à certaines caractéristiques techniques.

LA CHASSE ACCOMPAGNÉE

La chasse accompagnée permet de chasser, dès l'âge de quinze ans, accompagné d'un parrain, gratuitement, pendant un an. Il faut avoir suivi au préalable une formation pratique élémentaire obligatoire auprès d'une Fédération départementale des Chasseurs pour l'obtenir.

DEMANDE ET COÛT DE L'INSCRIPTION

La demande d'inscription à l'examen se fait sur le même formulaire que celui de la délivrance du permis de chasser. Elle peut être faite à tout moment de l'année, auprès de la Fédération départementale des Chasseurs de votre choix. En cas de réussite à l'examen, le titre permanent du permis de chasser est remis au candidat à l'issue de l'examen par l'Office français de la Biodiversité (OFB). La Fédération départementale des Chasseurs remet une demande d'inscription : formulaire CERFA n° 13945*05 intitulé « Demande d'inscription à l'examen et de délivrance du permis de chasser », qu'il faut remplir et accompagner d'un certificat médical. Coût de l'inscription (hors frais de dossier) :

31 € pour les mineurs de plus de seize ans

46 € pour les majeurs.

L'EXAMEN DU PERMIS DE CHASSER RECALÉ !

Comment fermer et ouvrir son fusil de chasse ? Les chasseurs et tireurs expérimentés vous expliqueront qu'une fois les cartouches injectées, les canons dirigés vers le bas, l'arme se referme en relevant la crosse qui se trouve placée entre le corps et le bras. Cette position facilite son ouverture lorsque le fusil est trop serré, mais elle permet surtout de bien maîtriser l'arme si un coup part inopinément. Pour l'ouvrir, les canons orientés vers le sol, on ouvre la clé, on abaisse la crosse, la main récupérant les douilles éjectées. Et bien, sachez que le candidat à l'examen du permis de chasser récoltera une très mauvaise note s'il applique cette bonne vieille méthode. Car un technicien de l'ONCFS a imaginé un procédé plutôt singulier qui consiste, pour fermer et ouvrir son arme, à la tenir à bout de bras, crosse éloignée du corps, canons orientés de trois quarts vers le sol. Mais qui a pu imposer une telle ineptie ? Le fusil ainsi manipulé devenant dangereux, car incontrôlable. C'est ce que pensent chasseurs et tireurs consultés comme Michel Riboulet, trois fois Champion de Monde, diplômé d'un Brevet d'éducation sportif, qui trouve qu'il aurait été préférable de le consulter sur les bonnes manipulations d'une arme de chasse.

PASSION DU CHIEN

LES ÉPAGNEULS RÉGIONAUX DU NORD

Ils sont encore un peu méconnus nos épagneuls régionaux du nord, et c'est bien dommage, car depuis plusieurs générations, ces chiens de pays se sont parfaitement adaptés par atavisme aux territoires rudes et humides des régions côtières du nord de la France. Indéniablement, ces épagneuls possèdent des qualités d'équilibre et de savoir-faire tant appréciés par les chasseurs de marais, de bois et de plaine. Courageux, pondérés, ces chiens n'ont rien en commun avec ces grands galopeurs buveurs d'air que sont les pointers ou les setters. Par contre, si le nez est indéniablement moins long, il est généralement plus fin. Ces épagneuls sont pour le chasseur lambda, des auxiliaires efficaces, pratiques et compagnonnables. En fait, on pourrait qualifier nos épagneuls du nord de bons chiens de chasse pratique à tout faire.

L'épagneul picard

Cousin de l'épagneul français, l'épagneul picard appartient à la grande famille des épagneuls continentaux. Comme lui, il a comme ascendant les anciens chiens d'Oysels décrits par Gaston Phébus dans son Traité de la chasse. L'épagneul picard existe depuis fort longtemps dans la région du nord-ouest de la France, la Picardie, pays où il s'est parfaitement bien adapté, tant sur le plan physique que moral. Fondé en 1921, c'est le Club de l'épagneul picard et du bleu de Picardie qui le firent connaître. Chien d'arrêt et excellent retriever, l'épagneul picard est un auxiliaire remarquable au marais, qui gagnerait à être davantage utilisé dans des régions à étangs et marais comme la Sologne, la Brenne, la Vendée, les Dombes, la Camargue et la Brière. Les aptitudes du Picard répondent parfaitement au travail que doit fournir un chien dans ces pays marécageux. Sans oublier la quête des perdreaux gris dans les immenses étendues de chaumes de céréale du Santerre, avec ses labours gras et ses betteraves sucrières, ainsi que la recherche de la mordorée dans les bois les plus épais, qui sont des terrains où il excelle.

Avec sa robe grise marquée de plaques marron relevées de feu en tête, au poitrail et aux pattes, l'épagneul picard connaît un regain d'intérêt chez nos voisins allemands, belges, hollandais, finlandais et même bien au-delà de toutes ces frontières. Passionné, fidèle et dévoué, le Picard s'éduque facilement. Plus qu'un chasseur, c'est un véritable compagnon.

Poids : 20 à 25 kg
Hauteur au garrot : 56 à 62 cm

S'il fallait donner trois qualificatifs au Picard, ce seraient, calme, endurance et douceur. Sa rusticité n'est pas en reste, car il faut bien comprendre que le Picard s'est régionalisé en chassant dans des milieux très rudes que sont les marais des vallées de la Somme et de l'Authie, contrée où le froid et l'humidité se relaient pour décourager hommes et chiens.

L'épagneul bleu de Picardie
On signalait en Picardie vers 1880, une variété d'épagneuls à robe noir et gris mélangés, formant une teinte bleutée avec des taches noires. Ce chien se rencontrait surtout dans les vallées de la Somme, de la Canche et de l'Authie, presque toujours entre les mains de fervents chasseurs de bécassines. On pense qu'il résultait principalement de croisements d'épagneuls français avec des setters anglais et des setters Gordon. Les efforts de certains éleveurs aboutirent à fixer cette variété qui fut reconnue comme race particulière en 1921, sous le nom d'épagneul bleu de Picardie. Chien de chasse spécialisé à la fois pour le gibier de marais et de bois, le bleu de Picardie est un athlète puissant et rustique. C'est un chien calme et équilibré qui ne craint pas d'affronter les climats les plus rudes. Cet épagneul possède naturellement une quête croisée, reste à portée de fusils, et généralement, il a un très bon rappel, une bonne finesse de nez et un arrêt ferme. Son rapport est inné, avec la dent douce. C'est le chien à tout faire pour celui qui préfère chasser seul ou avec un copain à la billebaude. Excellent retriever, il retrouve et rapporte les canards raides ou désailés au milieu des joncs impénétrables. Cet épagneul ne dédaigne pas entrer dans les fourrés très épais pour faire sortir un lapin ou même un sanglier. Au quotidien, c'est un compagnon docile, qui affectionne tout particulièrement les longues promenades avec son maître.

Poids : 20 à 23 kg
Hauteur au garrot : 57 à 60 cm

▶ Moins rapide qu'un setter, le « Bleu » possède un train où alternent trot allongé et galop. Ce fou de chasse est particulièrement apprécié pour ses talents de pisteurs d'oiseaux piétards en plaine sur les gris, ainsi qu'au bois sur la bécasse. Au marais, il arrête prudemment bécassines et bécots dans les prés inondés.

L'épagneul de Pont-Audemer
Dans la famille des épagneuls, une des premières races à se différencier pour chasser au marais fut l'épagneul de Pont-Audemer. La création de cette race remonterait au début du XIXe siècle. Il est probable que son origine fut le résultat de croisements d'un épagneul français avec un « Irish-water-Spaniel », cet autre épagneul irlandais. Certains cynophiles estiment que son origine serait plus ancienne, qu'elle serait, en fait, la conséquence d'un épagneul croisé avec un barbet, et que la retrempe du Pont-Audemer par le chien d'eau irlandais aurait eu lieu beaucoup plus tard.
Comme ses autres cousins, l'épagneul breton et les épagneuls du Nord, c'est un chien de pays. Comme son nom l'indique, il est originaire de Pont-Audemer. Vif d'esprit, rustique et très endurant, c'est un actif broussailleur. De caractère très souple, facile à éduquer et à diriger, on comprend que les trop rares amateurs de ce chien voient en lui un des meilleurs auxiliaires pour chasser le gibier d'eau. La race, qui avait presque disparu après la Seconde Guerre mondiale, fut reconstituée grâce à quelques éleveurs passionnés. Aujourd'hui, l'épagneul de Pont-Audemer reste fort apprécié dans les régions des étangs et des marais, comme la Normandie, la Picardie, la Brenne et la Camargue.
L'épagneul de Pont-Audemer est un chien au physique original dont la tête semble encadrée d'une perruque bien frisottée. Ses yeux, couleur d'ambre ou de noisette, expriment la franchise et la bonté. Sa robe, qui doit être bouclée et non pas ondulée, se décline en marron ou gris chiné avec des reflets de feuilles mortes. Les taches de feu, le noir pur ou les taches blanches sont des défauts qui empêchent la reconnaissance officielle de ce chien dans sa race.

Poids : 20 à 27 kg
Hauteur au garrot : 50 à 58 cm

▶ La chasse au marais est de loin le terrain de prédilection de l'épagneul de Pont-Audemer. Jamais lassé, il reste très méthodique dans sa quête, sa robe le protégeant efficacement de la froideur de l'eau et des ronciers. Au marais, ce chien est un fabuleux retriever.

LE MONDE ÉTONNANT DES OISEAUX EN DÉCEMBRE

> En parcourant pas loin de trente-cinq mille kilomètres par an, ce qui est quasiment équivalent à un tour de la terre, la *sterne arctique* est sans contexte la championne du monde des oiseaux migrateurs. Facilement identifiable, on découvre cet oiseau étonnant au bord de mer et des fleuves.

Sterne arctique

> Le *râle d'eau* est bien plus audible que visible. Son cri fort et discordant ressemble à celui « d'un porcelet qu'on égorge ».

> L'accroissement des populations hivernantes de *cormorans* a été spectaculairement rapide, passant de quatre mille individus à plus de cent mille en trente-cinq ans, augmentation due à la progression des effectifs nicheurs en Europe du Nord.

Râle d'eau

> La *rousserolle effarvatte*, qui se rend en Afrique tropicale, franchit plus de cinq mille kilomètres entre là où elle a niché et ses quartiers d'hiver. Pesant au départ jusqu'à dix-huit grammes, son poids s'est réduit d'un tiers à l'arrivée.

> Les *pigeons migrateurs* ont déjà passé les cols pyrénéens. Pourtant, des millions de pigeons sédentaires restent près des plaines céréalières du nord de l'Europe, espérant un hiver tempéré. Qu'une vague de froid survienne, et ce sera une fuite éperdue vers le sud.

LA MIGRATION EN DÉCEMBRE

Un grand froid venant de Russie qui déferle sur l'Europe est obligatoirement synonyme d'une importante arrivée de migrateurs. En cent ans, nous avons subi en France une douzaine de vagues de froid, dont dix ont eu lieu en décembre, et trois un 23 décembre. Les oiseaux possèdent une température de 41 ° qu'ils doivent maintenir constante. Mais avant de mourir de froid, les *passereaux* parviennent à supporter des températures records de - 30°, les pigeons, anatidés et ansérídés peuvent vivre par - 80°. Face au froid, certaines espèces, comme les *limicoles*, les *bécassines* et la *grive mauvis*, ont une grande mobilité qui les pousse à déserter leurs zones d'hivernages habituelles. D'autres, comme les *pigeons*, le *colvert*, l'*oie rieuse* et les *cygnes*, s'adaptent en attendant des jours meilleurs. Des hivers très froids peuvent déclencher le départ d'oiseaux, qui normalement ne migrent pas, vers des zones de l'Atlantique au climat maritime plus doux. La France joue souvent un rôle de refuge en cas de vague de froid nordique.

UN CHAMPION

Des enregistreurs GPS fixés sur le dos de quarante-six *traquets motteux* ont révélé ce résultat surprenant. Cet oiseau de seize centimètres de long et qui pèse moins de trente grammes, effectue un trajet migratoire aller et retour, entre l'Alaska et l'Afrique subsahariens, de près de trente mille kilomètres. C'est l'une des plus longues migrations connues à ce jour pour un oiseau de cette taille.

LES VENTS

Les passages importants ont principalement lieu par fortes gelées en décembre, avec des vents de nord-est et nord. Les plus faibles passages par temps doux et humide, et des vents d'ouest et du sud.

À OBSERVER

Ces migrateurs venus du Grand Nord par grand froid, de la taïga et de la toundra, les *garrots sonneurs*, les *harles bièvres* et en petit nombre, les *macreuses brunes* et les *harles piète* à la robe étrange.

Traquet motteux

HISTOIRE DE NOS ANCIENS
Le prix prohibitif des cartouches en 1913
Extrait de Poil et plume par Louis de Lajarrige

Nous étions à la mi-décembre. Il faisait une de ces belles journées, claires et douces comme on en a parfois au début de l'hiver. Je suivais un chemin creux tout à mes pensées professionnelles et à la lettre que j'allais écrire à mon client, lorsque mon regard se fixa machinalement sur un objet en partie dissimulé par un tertre de talus et que je pris d'abord pour une pierre ; c'était en réalité un lièvre au gîte. Ah ! L'admirable endroit pour placer un gîte ! Si ma première pensée fut le regret de n'avoir pas de fusil, ma seconde fut de trouver le moyen de m'en procurer un. Quel fameux civet ne manquerait pas de faire ce bel animal ! J'étais justement à moins de cinq cents mètres de la ferme que je me hâtai de gagner en obliquant légèrement pour ne pas déranger le « capucin ». Chez tous les paysans de France en général, et de Beauce en particulier, il y a toujours un fusil accroché au-dessus de la cheminée. La fumée empêche la rouille et tient, paraît-il, la poudre sèche. Le fermier était absent. En quelques mots, je contais la chose à sa bonne femme qui, pour s'attirer les bonnes grâces du notaire de son futur maître, n'osa pas me refuser l'arme. Comme s'il se fut douté du sort qui l'attendait, le lièvre bondit à vingt-cinq mètres : du premier coup, je lui cassai seulement une patte de derrière, mais la seconde décharge l'étendit raide.

Pendant ce temps, il se passait un drame à la ferme. Maître Jacques, le fermier, était rentré et sa femme l'ayant mis au courant, celui-ci avait blêmi en poussant un juron formidable, puis, sans explication, les yeux hagards, comme un fou, il s'était lancé dans ma direction courant de toutes ses forces en criant à tue-tête : « Ne tirez point… ne tirez point ». La fermière, ne comprenant rien à cet accès subit, lui avait emboîté le pas. Le sourire le plus épanoui, tenant l'animal par les oreilles, je le présentai au fermier en lui faisant compliment de son fusil et de ses cartouches. Le Beauceron, pâle comme un spectre, ne faisait que répéter « Eh ben ! Vous en avez fait un beau coup ! Pour un beau coup, c'est un beau coup ! ». À la fin, énervé d'entendre cette rengaine, j'interpellai un peu rudement maître Jacques et lui demandai des explications. Entre deux sanglots, l'homme m'avoua qu'ayant touché le prix d'un lot de moutons, et ayant peur d'être volé, il avait caché un billet de cinq cents francs dans le canon droit et un de mille dans le canon gauche de son fusil et il ajoutait : « Si encore vous l'aviez tué du premier coup ! »

Le retour à la ferme fut morne ; tout penaud, je me hâtai de remonter en voiture, non sans avoir offert au paysan le lièvre qu'il avait si royalement payé.

Aussi, ajouta maître Tardif, en manière de conclusion, vous m'amusez tous quand vous parlez de la cherté des cartouches et, bien que je ne vous souhaite pas d'en tirer de pareilles, je vous fais constater que vous n'êtes pas encore prêts de battre mon « record ».

Recette de gibier goûteuse et facile

Palombes justes cuites sur la braise

Cuisinez de cette manière toutes les palombes, même vieilles, constitue un véritable régal. Faciles et rapides à faire, les pigeons cuisinés ainsi sont unanimement appréciés.

1 palombe par personne

Préparation

1- Dans une cheminée, faire suffisamment à l'avance un bon feu de bois, dans le but d'obtenir une braise bien rouge ne dégageant pas de fumée. Sortir les palombes plumées et vidées de votre réfrigérateur une heure avant de les faire cuire.

2- Les ouvrir en deux en fendant totalement le bréchet et l'abdomen. Ne coupez pas la partie dorsale qui servira de charnière aux deux parties ainsi ouvertes. Frappez, écrasez à l'aide d'un hachoir pour bien aplatir vos oiseaux.

3- Bien enduire les deux faces d'huile d'olive ou mieux, de graisse d'oie.

4- Disposez les palombes au-dessus de la braise et retournez-les comme vous le feriez pour une entrecôte. Piquez de temps en temps jusqu'à ce que perle une goutte de sang.

5- Salez, poivrez.

6- La viande doit être servie bien grillée sur l'extérieur et rosé à rouge selon les goûts à l'intérieur.

C'est une merveille !

On peut rencontrer de très bons chiens dans toutes les races d'arrêt ; puisqu'il s'agit d'un chiot, prenons-le dans une race où les bons chiens sont la règle et non pas l'exception ; nous aurons pour nous toutes les chances d'arriver à un résultat satisfaisant.

Robert Dommanget

ÉMOTIONS DE CHASSE *par Antoine Chappert*

CHASSE ET CHASSEURS

Depuis quelques jours, les grandes gelées avaient amené un bon passage de canards. Poursuivis sans trêve durant le jour, ils fuyaient au loin, dans les ruisseaux, vers des coins de fleuve inaccessibles et plus paisibles ; mais, le soir, de nouveau, ils revenaient pour passer la nuit dans ce coin favori où ils trouvent toujours table mise et barbotage à volonté.

Alors, une heure durant, jusqu'à ce que vraiment il soit impossible de distinguer quoi que ce soit, même le canon du fusil que l'on a dans les mains, on restait là, le cœur battant et les pieds gelés, à guetter l'ombre furtive des ailes glissant dans la nuit. Parfois, trois ou quatre coups de fusil ébranlaient le silence, et un plouf dans l'eau annonçait un coup heureux, tandis que des « coins coins » apeurés s'éloignaient vers l'horizon. L'oreille aux guets, les yeux écarquillés cherchant à percer l'ombre, le doigt sur la détente, on était là, loin du monde et de ses tracas, ne songeant à nulle autre chose qu'au gibier qui passait, et palpant quelquefois, d'une main heureuse, le filet du carnier ou de la poche de la veste de chasse quand on y sentait déjà le chaud gonflement d'un canard abattu, jusqu'à ce qu'un brusque sifflement d'air soit de nouveau l'occasion de quelques coups de feu vers les ombres à peine visibles sur le ciel, suivi du barbotage bruyant à la recherche de la pièce tombée, avec les « apporte, apporte ! » lancés au chien, au grand désespoir des voisins pestant contre l'auteur de ce vacarme.

JANVIER

2022

JANVIER

	LUNDI	MARDI	MERCREDI	JEUDI	VENDREDI
sem. 52	JEAN 27	INNOCENTS 28	DAVID 29	ROGER 30	ST SYLVESTRE 31
sem. 1	ÉPIPHANIE 3	ODILON 4	ÉDOUARD 5	MÉLAINE 6	RAYMOND 7
sem. 2	GUILLAUME 10	PAULINE 11	TATIANA 12	YVETTE 13	NINA 14
sem. 3	○ ROSELINE 17	PRISCA 18	MARIUS 19	SÉBASTIEN 20	AGNÈS 21
sem. 4	FR. DE SALES 24	◑ CONV. DE PAUL 25	PAULE 26	ANGÈLE 27	TH. D'AQUIN 28
sem. 5	MARCELLE 31				

SAMEDI	DIMANCHE
JOUR DE L'AN 1	● BASILE 2
LUCIEN 8	◐ ALIX 9
RÉMI 15	MARCEL 16
VINCENT 22	BARNARD 23
GILDAS 29	MARTINE 30

Du côté des livres

POIL ET PLUME

Louis de Lajarrige - 1936

Louis de Lajarrige (1873-1939) s'est fait connaître comme écrivain, peintre animalier et illustrateur, et plus particulièrement dans le dessin de chiens et de thèmes liés à la chasse. En tant que peintre, il a décoré plusieurs châteaux du Limousin et de Sologne de fresques décoratives importantes. Il a également réalisé de nombreuses études de chiens sous la forme de tableaux.

Son livre *Manuel pratique de l'amateur de chiens*, préfacé par Justinien Clary, décrit minutieusement les progrès de la cynophilie en France. Louis de Lajarrige apparaît dans *La Semaine de Suzette* dès 1913, dans *Lisette* dès 1921. Mais également dans *L'Almanach du Chasseur*, dont il deviendra le rédacteur en chef de 1923 à 1934, année de son décès. En 1928, il participe à la création de la revue *Rustica*. Louis de Lajarrige était un amoureux des chiens et de la chasse. Ces deux livres, *Poil et plume*, ce sont des nouvelles, plus agréables à lire les unes que les autres. Ces livres sont incontournables dans une bibliothèque cynégétique.

UNE HISTOIRE

Un 1er janvier mémorable

Pour fêter cette fin d'année 1979, nous avons unanimement pris la décision avec mes complices de chasse, de réveillonner à Vœurs, chez nous, en Sologne. Ce soir-là, notre petit groupe est au complet, excepté Raymond et son épouse, qui sont restés à Paris, cloués tous deux au lit par une méchante grippe. Notre dîner, composé d'une terrine de lièvre, d'une fondue bourguignonne de filet de chevreuil, de bécasses et ses croûtons, de colverts cuits à la broche, le tout arrosé de Maucaillou, a été grandiose.

Après plusieurs jours de chasse, la fatigue commençant à se faire sentir, certains des moins jeunes aimeraient bien aller se coucher. Minuit arrive enfin, avec ses embrassades traditionnelles. Je ne sais plus qui d'entre nous a allumé la radio pour écouter de la musique. En fait de musique, nous entendons Valéry Giscard d'Estaing nous souhaiter ses bons vœux, vœux qu'ils commencent par : « Ce soir est une fête pour la plupart d'entre vous ». Pour arroser sa tirade, je débouche une dernière bouteille de champagne. Une fois les coupes remplies, je demande à voix haute que l'on fasse silence. Lorsque je capte enfin l'attention de mon auditoire, je lance cette proposition qui me trotte depuis pas mal de temps dans la tête.

« Comme vous avez tous pu le constater, chaque soir à cette période, un nombre incroyable de sauvagines vient pour pâturer dans notre grande plaine en partie inondée. Cette nuit, c'est la pleine lune, on peut voir comme en plein jour. Alors, que diriez-vous d'une battue de canards, là, maintenant ? À ceux qui sont fatigués, je vous promets que dans une heure, nous serons tous au lit ! » Je n'ai pas besoin d'argumenter longtemps, car tous, femmes et enfants survoltés compris, trouvent que c'est l'idée du siècle.

« Mais, dis-moi, c'est quand même du braconnage, non ? », me murmure Michel Zuber dans le creux de l'oreille. D'un revers de main, je balaie son objection.

« Et pourquoi la chasse de nuit est-elle licite dans certains départements, et pas chez nous ? » Bon, il est vrai que je peux être parfois d'une mauvaise fois évidente. À cet instant, vous ne pouvez pas imaginer l'ambiance joyeuse dans notre vestiaire ! Les bottes sont remises, les vestes enfilées, les fusils montés, les cartouchières remplies, tous ces préparatifs se déroulent dans le rire et la bonne humeur. Bien naturellement, les enfants sont excités comme des poux.

Je partage notre groupe en deux. Le premier, composé des tireurs qui seront postés, prendra le camion blanc. Ces chasseurs iront se positionner à cinquante mètres les uns des autres derrière la première grande haie qui divise notre plaine en deux. Moi, j'emmènerai femmes et enfants dans notre deuxième camion, pour démarrer le rabat en limite de cette plaine qui fait une bonne vingtaine d'hectares. Mon fils Martial, qui vient d'avoir seize ans et son premier permis de chasser, me demande, les yeux brillants, s'il peut emprunter un de mes fusils et aller se poster avec l'équipe des tireurs. Celle-là, je ne l'avais pas vu venir. En rechignant, j'accepte sa requête en confiant expressément le jeune Nemrod à Patrick Bossant.

Bon, pour vous parler à la franche marguerite, je ne sais absolument pas si les postés auront la possibilité de tirer quelques canards lancés en plein vol la nuit, ce qui en fait n'est vraiment pas important, car d'évidence, nous allons tous vivre un Premier de l'an, dont on se souviendra longtemps.

Ce qui est dit est fait ! Le camion blanc chargé des postés s'éloigne, tandis qu'au volant du mien, je prends la route de Vœurs pour faire le tour de notre territoire. Une fois arrivé, je fais descendre mes rabatteurs devenus silencieux, tous saisis par le silence de la nuit. Les nuages bas font écran avec la pleine lune, ce qui donne une luminosité parfaite. Je regarde ma montre, il est minuit et demi. Une fois mes traqueurs en place, je sonne un long coup de trompe de début de battue. Pour rejoindre les postés, nous devons parcourir un bon kilomètre à travers champs. Naturellement, je n'ai pas pris de fusil qui ne m'aurait servi à rien. Agréablement surpris, nous démarrons à peine que nous percevons un premier coup de fusil. Bon, je pensais bien que beaucoup d'oiseaux venaient pâturer la nuit dans nos champs, mais jamais je n'aurais imaginé qu'il y ait autant. Maintenant, c'est une vraie pétarade que l'on entend au loin. Tout en marchant, nous percevons d'incessants bruissements d'ailes et de cancanements de colverts qui prennent leur envol, ce qui galvanise mes rabatteurs. En vérité, une quantité invraisemblable d'oiseaux se lèvent régulièrement devant nous. Les plus nombreux, ce sont les appels si mélancoliques des vanneaux qui ne cesseront de nous accompagner. À un moment, j'entends les sifflements flûtés si caractéristiques de sarcelles d'hiver qui tournent en bande au-dessus de nous. Pendant une petite demi-heure, nous marchons en enfonçant nos bottes dans la terre inondée en direction des postés qui tiraillent maintenant régulièrement.

Une fois arrivé face à la haie, je sonne les trois coups de fin de battue pour rameuter tout le monde. Tout en marchant, j'ai compté qu'une bonne cinquantaine de cartouches avaient été tirées. Mais comme cela semblait prévisible, il y a un manque de réussite évident, car seuls sept colverts ont été ramassés. Il est vrai que tirer la nuit est un exercice difficile, même avec un ciel dégagé et la pleine lune, mais importe peu ! Nous ne sommes pas venus là pour réaliser un tableau, mais pour marquer cette nouvelle année. Mes amis, euphoriques, ont le sentiment d'avoir vécu un instant mémorable. Martial, pas peu fier, tient par le cou un colvert qu'il dit avoir tué. Patrick nous raconte avoir été presque décoiffé par deux grosses volées de sarcelles, quant à Michel, il est sûr et certain d'avoir entendu passer un vol d'oies rieuses. Au cours de la battue, d'innombrables bécassines, bien sûr invisibles, ont défilé sans interruption. Rabatteurs et postés se congratulent. En élevant un peu la voix, j'explique, rieur, qu'il ne faudrait quand même ne pas trop traîner. Partant de là, nous remontons dans les camions, pour revenir à notre rendez-vous. Nous rejoignons nos chambres dans la bonne humeur… Vers les neuf heures le lendemain matin, nous prenons notre petit déjeuner,

pendant que femmes et enfants dorment encore. Il est certain que cette soirée restera le souvenir d'un réveillon pas comme les autres. Une camionnette vient pour se garer dans la cour. C'est le garde-chef de l'ONC de notre secteur à cette époque, appelons le Marcel, qui vient nous rendre visite comme à chaque début d'année. Madré, retors, connaissant parfaitement bien les propriétés dont il a la charge, cet homme a la réputation d'être incorruptible. C'est un personnage hors du commun, Marcel, une vraie force de la nature et la terreur des braconniers. Ils le craignent tellement, d'ailleurs, que certains revanchards ont voulu le punir un soir en le ligotant à un arbre après l'avoir complètement dénudé, puis ils l'ont laissé là la nuit entière à méditer. Heureusement, ce châtiment s'est passé en plein été, Marcel n'a même pas pris un rhume.

Notre relation avec Marcel est plus qu'amicale, et c'est sans appréhension que je lui propose de venir s'asseoir avec nous. Nous prenons le verre de l'amitié tout en évoquant la saison passée, ainsi que tous les aménagements que nous envisageons de réaliser dans le futur. Juste avant de nous quitter, Marcel me prend à part et me dit tout bas. « Alain, d'après mes informations, ça a braconné dur chez vous cette nuit. Mais surtout, ne vous inquiétez pas ! Je vais faire surveiller votre territoire, et croyez-moi, ça m'étonnerait que ça recommence. Au fait, pour ne pas trop gêner mes gars, soyez gentil, ne faites pas la passée trop tard dans les semaines qui viennent ».

Franchement, je n'ai jamais su si cette recommandation était un conseil ou un avertissement. Bien entendu, nous n'avons plus jamais refait de battue de canards la nuit.

À bon entendeur… !

LA CHASSE ET SES BOULEVERSEMENTS DE 1945 À NOS JOURS

1975 – DIMINUTION DU GIBIER DE PLAINE

Symbole de la chasse en plaine aux chiens d'arrêt dans un chaume, une luzerne ou un champ de betteraves, puis chassée en battue une fois les champs labourés, il est constaté, depuis les années 70-80, une forte diminution de la perdrix grise dans les plaines céréalières du Nord et de la perdrix rouge dans le Midi. Sont incriminés dans le désordre, l'emploi massif de pesticides, la culture intensive, le remembrement, et l'abandon pour cause de contraintes du piégeage, sans oublier le bilan lourd des deux années de sécheresse catastrophiques de 1975 et 1976.

On distingue deux périodes importantes dans le cycle annuel de la perdrix grise. : l'hiver et la fin du printemps. Adulte, la perdrix grise est un oiseau essentiellement végétarien en hiver. Pendant la courte durée du jour, elle doit se procurer une quantité de nourriture suffisante pour assurer une résistance aux intempéries. Cette nourriture doit lui apporter une source d'énergie convenable pour lui permettre vols et déplacements. Elle consomme les parties vertes et les graines de végétaux cultivées et d'adventices. Au printemps et en été, la perdrix est opportuniste, consommant indifféremment graines et insectes. A contrario, pendant les trois à quatre premières semaines de leur vie, les poussins ont le besoin vital d'une nourriture exclusivement animale, comme petits insectes et larves, ce qui est propre à tous les gallinacés. On comprend dans ces conditions que les disponibilités alimentaires doivent être assez proches des oiseaux. Il a été d'ailleurs constaté que si ces sources de nourriture étaient par trop éloignées, les perdrix avaient tendance à s'exiler à des distances variables de leur territoire. D'autre part, les oiseaux doivent pouvoir trouver à cette même période, un couvert d'abri convenable. Les abris humides qui mouillent les oiseaux sont peu fréquentés, la lutte contre le froid étant plus difficile lorsque les plumes sont mouillées. Les conditions hivernales sont aussi très importantes, la mortalité et la fuite hivernale pouvant atteindre environ 20 % de la population, sans compter la mortalité due aux prédateurs.

LE COMMENCEMENT DU DÉCLIN

En consultant différents carnets de chasse, on constate que la chute a été nette et brutale à partir des années 1975 - 1976. On peut même affirmer qu'à partir de ces dates, ce fut un effondrement régulier, mais vertigineux, les prélèvements annuels passant sur certains territoires de deux cents perdreaux environ, à moins d'une dizaine. L'effondrement s'est généralisé sur l'ensemble de tous les pays. Les années suivantes, malgré la gestion sévère et intelligente de certains dirigeants, quelques populations de perdrix grises auront bien quelques sursauts à la hausse, mais jamais ils ne remonteront de façon significative. Idem d'ailleurs, pour le lièvre. Alors, on peut se poser la question. Que s'est-il passé exactement au cours de ces deux saisons ?

LA SÉCHERESSE DE 1976

Il vient immédiatement à l'esprit à ceux qui l'ont vécu, que 1975 fut décrétée l'année de la canicule en Europe. Malheureusement, ce fait marque aussi le début d'une période catastrophique pour la nature, car cette canicule est le prélude d'une sécheresse particulièrement sévère qui a duré jusqu'à fin septembre 1976. Après un été torride, l'hiver 75 n'apporte que des petites pluies éparses d'un contenu bien en dessous de la normale, pluies qui ne permettent pas aux nappes phréatiques de se reconstituer comme elles le font habituellement. À partir de janvier, l'anticyclone des Açores va complètement « bloquer » pendant trois mois les précipitations qui viennent de l'Atlantique. En mars ont bien lieu quelques ondées, mais de faibles intensités. Le manque d'eau commence vraiment à se faire sentir. En avril, l'absence totale de pluie se reproduit à l'identique, dû au même anticyclone qui fait barrage encore une fois aux précipitations. Parallèlement, un froid sec s'installe. En mai, changement radical de temps. Pour le deuxième été de suite, une autre canicule s'installe, sauf que là, les réserves en eau sont quasi inexistantes. Chaleur et sécheresse s'établissent définitivement jusqu'en septembre. Au fil des semaines, les records de températures tombent les uns derrière les autres. Les conséquences sont dramatiques. Cultures qui ne lèvent pas et qui se dessèchent sur pieds, herbage inexistant, absence de foin et de paille pour les animaux de ferme, incendies à répétition. La majorité des rivières et des plans d'eau se trouvent quasiment à sec. On craint une pénurie d'eau dans les villes. Quelques rares orages de pluie et de grêle accentuent encore plus cette catastrophe. En France, un impôt « sécheresse » est instauré en urgence pour aider financièrement les cultivateurs et les éleveurs à se relever de cette calamité. Plus pernicieux, le gibier de plaine ne trouve aucune rosée le matin pour boire. Certains affirment avoir trouvé dans les nids abandonnés, des œufs « cuits » comme des œufs durs par le soleil. Il est évident qu'au cours de ces deux années, les populations de perdrix grises et rouges ont énormément souffert. Le manque d'eau, qui a également engendré un manque de nourriture, a sévèrement compromis sa survie, et sa reproduction. Ce sera le triste constat que feront les chasseurs à partir de 1977.

UN « IMPÔT SÉCHERESSE » MAL PERÇU

Le 25 août 1976, le dernier conseil des ministres du gouvernement de Jacques Chirac avant sa démission décide d'une aide exceptionnelle de 2,2 milliards de francs pour les agriculteurs, financée en partie par un « impôt sécheresse » basé sur une majoration de l'impôt sur le revenu pour plus de deux millions de Français. Cet impôt de solidarité passe mal dans l'opinion publique. Aucun autre gouvernement par la suite ne se risquera à cet exercice impopulaire. Au final, la sécheresse de 1976 aura coûté un demi-point de croissance à la France et quatre milliards de francs de pertes sur sa balance commerciale.

LES ESSAIS DE RÉINTRODUCTION DE LA PERDRIX GRISE DE L'ONCFS

En septembre 2010, cent perdreaux gris issus de lignées sauvages et surnommés F1, et deux cent quarante perdreaux d'origine élevage, tous munis de bagues de couleurs, sont lâchés par l'ONCFS en Eure-et-Loir et dans l'Oise. Leur suivi, en août 2011, permet de recenser 6 % des perdrix F1 et 2 % de celles issues d'élevage, soit six oiseaux de chaque souche. Quatre poules de lignée sauvage mènent une compagnie, contre une seule d'origine élevage. En septembre 2011, dans l'Eure, un lâcher de cent quarante-cinq F1 et de cent quarante-cinq perdreaux issus d'élevage, âgés de onze à treize semaines et équipés de ponchos de couleurs a lieu sur un territoire de mille cinq cents hectares. Au mois d'août 2012, ce marquage permet de recenser 8,9 % de F1 et 1,4 % des perdrix d'élevage, soit rétrospectivement, treize et deux adultes. Trois poules d'origine sauvage conduisent une couvée, mais on ne trouve qu'une seule couvée de poule d'élevage. Pour les agents de l'ONCFS, ce bilan est décevant. D'évidence, la bonne décision pour faire remonter une population en baisse consiste à gérer au mieux celle existante, en accentuant fortement le piégeage et le nourrissage ou en instaurant des bandes abris, et surtout de peu où pas chasser pendant les années quand les hivers sont glacials et les printemps « pourris ».

PASSION DU CHIEN

LE POINTER

Qualifier le pointer de « pur-sang » est devenu un lieu commun. Le pointer est un véritable athlète aux formes vigoureuses et élégantes, essentiellement utilisé à la chasse du gibier à plumes. Le pointer est un galopeur absolu. Toute sa construction, son moral et son atavisme sont appropriés pour cette fonction. Aussi, leur domaine idéal est la plaine. Plus elle est rase et étendue, mieux ils peuvent y exploiter leurs qualités de vitesse et de grande quête. La conformation du pointer le prédispose à capter plus commodément les effluves à arc tendu, toute la conception de la race a été dirigée dans ce sens. Son mécanisme d'olfaction a été développé et adapté spécialement pour cette fonction.

Son histoire

Au début du XIXe siècle, le pointer, appelé aussi Spanish-pointer, était un braque lourd portant fanons, de structure massive, à l'allure assez lente, mais possédant déjà un nez remarquable. Bon nombre de documents retracent son utilisation à la chasse, mais en ce qui concerne sa création même, là, c'est le grand mystère. Le pointer est un chien fabriqué, « Made in England », avec des matériaux étrangers, mais on n'a jamais su exactement lesquels. Il est hautement probable que « la matière première » fut le braque de Navarre, français ou espagnol. Sont aussi cités le « foxhound » (chien de chasse à courre pour renard) et le « greyhound » (lévrier de course anglais), qui auraient apporté à ce magnifique athlète cet allègement, ce raccourcissement des oreilles et ce ventre retroussé. Au fil du temps, par croisements et sélections, les éleveurs anglais, qui sont de véritables magiciens, ont réussi à construire, et, beaucoup difficile, à fixer ce chien unique qui sert toujours de référence dans le monde canin. Par la suite, ils se sont évertués à éliminer tous les attributs qu'ils jugeaient inutiles, pour en faire un galopeur tout en lui conservant la puissance de son nez. Sur le plan esthétique, ils ont su faire un chien d'arrêt à mi-chemin entre le vieux braque lourdaud et le gracile lévrier. Ils ont su le doter des qualités olfactives

du braque et les perfectionner pour les mettre en rapport avec une quête rapide. Ils ont dû renoncer à maintenir les qualités de nos vieux chiens continentaux, essentielles pour beaucoup d'entre nous, car elles étaient inutiles pour eux qui chassent un autre gibier, selon d'autres méthodes et en d'autres terrains. Le pointer est un chien remarquable pour les fonctions auxquelles il est destiné.

Les dérives des éleveurs français

L'erreur de beaucoup d'éleveurs français et d'autres pays du continent est de n'avoir pas su comprendre la destinée particulière du pointer, qui n'était pas de remplacer les vieilles races ni de les supplanter partout. L'admiration justifiée à l'égard du génie britannique s'est transformée en une envie d'imitation. Leurs différents essais de contrefaçon furent sans lendemain. D'autres, conscients de la différence à conserver entre le chien anglais et les continentaux, se livrèrent à des croisements dans l'espoir d'un illusoire compromis. D'autres, très nombreux, animés d'objectifs commerciaux, se lancèrent dans le continental dit « allégé » à l'aide d'infusions massives de sang pointer dont le résultat furent de tout temps désastreux.

▶ Le pointer à bannir comme chien de chasse est celui qui fait de faux arrêts. On le surnomme « chien à maladie de cœur » parce qu'il donne tant d'émotions fortes à son conducteur, que celui-ci devient rapidement cardiaque.

Colonel Dommanget

Son physique

Le corps doit s'inscrire dans un carré. Sa poitrine est large, sa truffe est relevée par rapport au chanfrein, son stop était bien marqué et il possède un sens olfactif très puissant. Le cou est long. La queue est droite et effilée. La tête se caractérise par un stop bien marqué et les lignes du museau qui remonte sur le bout du nez. Les yeux sont vifs et ronds, de couleur noisette ou marron selon la couleur de la robe. Les oreilles sont triangulaires, bien plaquées et insérées haut. Le poil est ras, fin, droit et luisant. Le standard de la race admet de nombreuses couleurs : citron et blanc, orange et blanc, foie (marron) et blanc, et noir et blanc. Les robes unicolores et tricolores sont plus rares. Le poil est fin et court, droit et luisant.

Poids : 20 à 30 kg
Hauteur au garrot : 54 à 62 cm

▶ Pour s'exprimer pleinement, le pointer a besoin de disposer de grands espaces. Ses gibiers de prédilections sont le perdreau gris en plaines cultivées, la bécasse en forêt, la bécassine dans les prés et marais inondés, et le petit coq de bruyère en basse montagne. Et, pour ceux qui ont la chance de pouvoir le faire, la grouse dans les Landes écossaises. Là, on touche au grandiose !

Pointer Club Français - Pierre Avellan
135 Chemin de chênes verts
30300 Comps
Téléphone : 06.80.64.83.72

LE MONDE ÉTONNANT DES OISEAUX EN JANVIER

> CNERA-Avifaune migratrice nous informe que des oies cendrées ont été équipées de modules GPS, et d'un joli collier vert. Excepté lors d'une longue vague de froid, la remontée des oies cendrées ayant hiverné en Espagne et en France en direction de leurs sites de nidification scandinaves est de plus en plus précoce et commence généralement début février.

> Le *balbuzard pêcheur* venant de ses zones de reproduction en Scandinavie, en Russie et en Écosse, arrive dans l'est de la France. Quelques-uns se sont implantés dernièrement dans la forêt d'Orléans et dans le parc de Chambord.

> Entièrement dépendantes du milieu marin, les *macreuses noires* en bandes nombreuses dans les eaux côtières, au-dessus des bancs de coquillages, sur des fonds inférieurs à dix mètres.

> Par très grand froid, le magnifique *jaseur boréal*, plumage velouté pastel gris cendré et brun rosé, bout des ailes noires avec des traits jaunes, huppe rose pâle hérissée, nous arrive par milliers, principalement du nord de la Scandinavie.

> Le *choucas des tours*, le plus petit des corvidés, est un oiseau protégé, que l'on retrouve souvent en plaine au milieu des corneilles et autres freux.

> Le *grand cormoran* remonte son poisson à la surface afin de l'étourdir en le secouant, puis le lance en l'air pour le retourner avant de l'avaler.

Oies cendrées

LA MIGRATION EN JANVIER

Il a été constaté que certains oiseaux empruntent parfois des trajets migratoires diamétralement opposés à celui pris par son espèce. Comme chez les *passereaux scandinaves* par exemple. Migrant habituellement vers le sud-est pour rejoindre l'Afrique de l'Est, quelques individus prennent parfois la route du sud-ouest en direction l'Afrique de l'Ouest. S'agit-il d'erreurs de navigation ou de stratégies destinées à explorer de nouvelles routes migratoires ? Il est avéré que de tels changements sont le fruit d'initiatives individuelles. Ainsi, lorsque ces individus parviennent à regagner leurs sites de nidification avec un taux de survie supérieur à celui des populations empruntant leur voie habituelle, un nouveau trajet migratoire leur est ouvert. C'est le cas de la *fauvette à tête noire* d'Europe Centrale qui, après avoir modifié d'environ 30° son angle de migration, hiverne désormais en Grande-Bretagne, sa nourriture étant disponible à une distance bien moindre.

LES VENTS

Les vents à tendance à l'est, dans l'ordre, est, sud-est, nord-est, sont les meilleurs. Le moins bon, et de loin, est le vent du nord.

À OBSERVER

L'*épervier d'Europe*, en pleine expansion, déserte depuis une vingtaine d'années les bois et les forêts de feuillus, pour venir chasser les *passereaux* dans les parcs et jardins.

Épervier d'Europe

> *Je sais qu'il y a des gens qui nient non seulement l'intelligence, mais le sentiment chez le chien. Ce sont des gens qui ne les aiment pas pour eux-mêmes, qui ne les apprécient que pour les services qu'ils leur rendent, qui ne vivent pas avec eux.*
>
> **Jean Castaing**

ÉMOTIONS DE CHASSE *par Elzéar Blaze*

LE CHASSEUR AUX CHIENS COURANTS

Le renard a besoin de dérober, de guetter, de chasser ; c'est comme un soldat maraudeur, donnez-lui dix rations par jour, il ira courir la pretentaine pour chercher autre chose.

Une dame de mes amis avait élevé un renard ; il s'était apprivoisé comme un chien, il allait se promener dans la campagne et revenait ensuite au premier coup de sifflet. Il passait ordinairement toutes ses journées à courir dans les bois, et la nuit on le renfermait dans une chambre, où maître renard avait à discrétion de la viande fraîche. Cependant, on s'apercevait d'une diminution sensible dans le personnel de la basse-cour : on guetta le renard, et on s'aperçut qu'il sortait par la grande porte du château, faisait semblant de s'en aller au loin ; mais bientôt, revenant sur ses pas, dans un fossé qui lui servait de chemin couvert, il pénétrait dans une grange par une lucarne, il attendait qu'une poule vînt dérober quelques grains de blé, et la pauvre petite était bientôt punie de son vol. Dans cette manœuvre, on trouve la fourberie du paysan et l'astuce de l'écolier.

FÉVRIER
2022

FÉVRIER

LUNDI	MARDI	MERCREDI	JEUDI	VENDREDI
sem. 5 MARCELLE 31	ELLA 1	PRÉSENTATION 2	BLAISE 3	VÉRONIQUE 4
sem. 6 EUGÉNIE 7	JACQUELINE 8	APOLLINE 9	ARNAUD 10	ND. DE LOURDES 11
sem. 7 VALENTIN 14	CLAUDE 15	JULIENNE 16	ALEXIS 17	BERNADETTE 18
sem. 8 DAMIEN 21	ISABELLE 22	LAZARE 23	MODESTE 24	ROMÉO 25
sem. 9 ROMAIN 28	AUBUN 1	CH. LE BON 2	GUÉNOLÉ 3	CASIMIR 4

SAMEDI	DIMANCHE
AGATHE 5	GASTON 6
FÉLIX 12	BÉATRICE 13
GABIN 19	AIMÉE 20
NESTOR 26	HONORINE 27
GILDAS 5	MARTINE 6

Du côté des livres

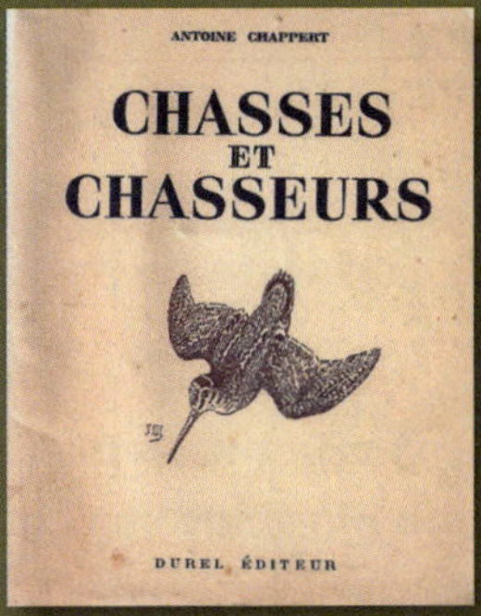

CHASSES ET CHASSEURS

Antoine Chappert

Voici un recueil de souvenirs et d'histoires de chasse au petit gibier et au gibier à plumes, qui se déroulent dans le midi de la France, et en particulier dans la région de Béziers. (Illustré de croquis de Joseph Oberthür)

Antoine Chappert, Frimaire dans le *Chasseur français,* décrit là avec grand talent la passée du soir au marais. Mais, au fait, peut-être ne connaissez-vous pas le Gaye ? Un joli coin, je vous assure, où la Loire passait il y a vingt-cinq ou trente ans, et où un beau jour, elle fit un de ces caprices dont elle est coutumière et se mit dans la tête, si l'on peut dire, d'aller couler à cent mètres de là. Seulement, comme elle n'a pas voulu abandonner complètement les lieux, elle y a gardé « un pied-à-terre », c'est-à-dire un vieux lit où elle dort et se repose tandis que de l'autre côté, elle court à belle allure, bruyante et claire, sur les graviers et les cailloux roulés. Alors, pour le grand bonheur des chasseurs, elle s'est là, transformée en marais. Si vous passez, quelque jour, dans le coquet bourg de Bas-en-Basset et si vous êtes chasseur, faites-vous montrer le Gaye. Pour moi qui, de par ma profession ambulante, ai dû, naguère, quitter des lieux où j'ai vingt ans durant barboté dans les joncs des « boutasses » et traîné mes grandes bottes à travers la vase, ce n'est pas sans regret que j'en évoque le souvenir.

Une histoire de grillage

En ce lundi matin de janvier à Vœurs, il n'est pas du tout dans mon intention d'aller chasser. La buée, qui recouvre les carreaux des fenêtres, m'informe que dehors il fait froid et humide. Des nuages sombres et bas, gorgés de neige, défilent à toute allure dans le ciel. J'entends par intermittence une aigre bise souffler dans ma cheminée dans laquelle crépite une odorante flambée. Nous avons chassé le petit gibier la veille sur notre territoire.

Tous mes copains chasseurs sont partis hier soir et tôt ce matin, sauf moi, qui ai fait le choix de rester pour travailler sur un dossier compliqué et rébarbatif. Mais pour vous parler franchement, j'adore ces instants de solitude passés dans cette maison de Sologne. Cette misérable Sologne ou l'agriculture moderne à haut rendement n'a pas sa place, toute parsemée de bois pouilleux et d'étangs mélancoliques, traversée par une Sauldre aux méandres mystérieux, cet environnement que j'aime en toutes saisons.
Noisette, ma griffonne Korthals, étendue de tout son long devant la cheminée, récupère des efforts qu'elle a fournis hier. À l'observer, elle est en train de rêver, ce qui la fait gémir, sursauter, courir... De l'avis de tous, Noisette est une auxiliaire redoutable sur tous les gibiers. Cette chienne possède un nez d'exception, arrête comme un piquet et ne perd, pour ainsi dire, aucun oiseau désailé. Bien sûr, comme tous les griffons, elle a une prédilection pour les grands animaux, encore plus marquée pour les sangliers qu'elle accompagne de la voix sur de courtes distances. Mais cette chienne est également remarquable comme chien de sang, ce qui en a surpris plus d'un. Combien de cervidés blessés nous a-t-elle permis de retrouver en forêt de Saint-Fargeau et ailleurs ? Plus d'une vingtaine, dont certains dans des conditions difficiles. Quelques fois, les animaux tirés tard le soir ne pouvaient faire l'objet d'une recherche que le lendemain matin. Certains, blessés d'une mauvaise balle, réussissaient l'exploit de parcourir plusieurs centaines de mètres. Dans toutes ces situations, Noisette s'avérait toujours exceptionnelle. Intelligente, obéissante, compagnonnable, ma griffonne me voue une complète adoration. Elle représente, sans aucun doute, l'auxiliaire parfait que rêve de posséder un chasseur une fois dans sa vie.
Ma quiétude est brutalement interrompue par des coups violents frappés à la porte. J'ouvre pour découvrir Paul Hobé, son vieux juxtaposé tenu en main, qui semble complètement surexcité. Paul, qui est le cultivateur en titre de la propriété, fait aussi office de garde-chasse, ce qui, comme il dit souvent, « met du gras dans les épinards ». La quarantaine, travailleur et courageux, toujours souriant, Paul est arrivé de sa Nièvre natale il y a trois ans. Passionné de chasse, la vue d'un sanglier le met systématiquement dans un état d'excitation pas possible.
« Alain », ânonne-t-il, « en allant soigner mes moutons, j'ai aperçu au loin un sanglier qui rentrait dans la partie fermée du Boisrond. Un très gros ! Lui, heureusement, ne m'a pas vu... et je ne l'ai pas vu ressortir. »
L'information est plus qu'intéressante ! Ce bois, d'une demi-dizaine d'hectares, qui se trouve à quelques minutes à pied de ma maison, a la particularité d'avoir une enclave bordurée le long de sa périphérie par un grillage en Ursus, posé par Bernard Mouchet. Nous sommes encore à une époque où certains propriétaires et cultivateurs, au grand désespoir des locataires de chasse, tentent laborieusement de rentabiliser cette pauvre terre en élevant des moutons en quantité. Il faut préciser que ces élevages, bien que peu lucratifs et tributaires du piétin, leur permettent d'obtenir différents avantages à la MSA. D'après les dires de Paul, ce sanglier serait rentré dans la partie enclavée. Pour pouvoir sortir de là, cet animal n'aura donc pas d'autre alternative que de faire demi-tour

et de traverser une allée zigzagante de trois cents mètres de long qui sépare cette enclave de nos bois ouverts.

Paul, qui a déjà tout imaginé dans sa tête, m'explique ce que nous pourrions faire : « Ce sanglier, qui est sur pied, va buter dans le grillage. Puis immanquablement, il va devoir s'en retourner sur ses pas... Nous n'avons pas le temps de réunir du monde pour faire une battue. Nous devons y aller tous les deux, tout de suite, avec Noisette. »

Effectivement, son plan semble bien imaginé, excepté qu'il va être bien difficile de garder cette si longue sommière à nous deux. Après un petit temps de réflexion, ma décision est prise. J'enfile ma veste de chasse, mets mes bottes et mon chapeau, puis je saisis au râtelier ma « 300 Weatherby » et mon étui à balles. Noisette, qui m'a vu me préparer, se tient déjà prête, toute frétillante d'excitation devant la porte. En hâtant le pas, nous arrivons silencieusement dans le sentier bien boueux. Car il a beaucoup plu dans la nuit, et les fossés sont gorgés d'eau. Paul, du doigt, me désigne la rentrée du sanglier qui a bien marqué. Puis, tête baissée, il se dépêche de rejoindre le poste qu'il s'est choisi.

Cette place en valant bien une autre, je décide de rester près de l'endroit où l'animal est rentré. Une fois libérée, il ne faut que quelques secondes à Noisette pour prendre connaissance de la bête noire. Le poil de son dos tout hérissé, la Korthals se met à tourner en rond, puis, sans une once d'hésitation, elle empaume en courant la voie de l'animal. Ventre au bois, je me dépêche de faire monter silencieusement une balle dans la chambre de ma carabine, puis, attentif au moindre bruit, je me tiens prêt. L'attente dure moins d'une minute. J'entends au loin Noisette émettre un aboiement bref, puis un second, un troisième... Brusquement, Noisette, qui semble maintenant très en colère, se déchaîne en poussant des hurlements stridents. Sans aucun doute, elle est au contact de la bête noire. Les aboiements s'éloignent, tournent dans l'enceinte, puis semblent se diriger dans ma direction. Je suis épaulé depuis longtemps lorsque j'entends « casser » bruyamment du bois. Pendant une fraction de seconde, j'entraperçois au milieu des épines noires une forme sombre et massive, qui s'apprête à traverser l'allée à moins de trente mètres de moi. Le sanglier, dans son « contre », saute d'un bond pour traverser le layon. Immédiatement, je visualise son groin dans mon réticule... puis je libère ma balle tout en accompagnant son mouvement. L'animal touché au cou fait une cabriole pour retomber bruyamment sur le dos, pattes frémissantes. Déjà, Noisette arrive sur lui. J'arrive facilement à déceler les sentiments chez ma chienne, et à cet instant, je peux vous assurer que pour elle, ce n'est que du bonheur.

Paul arrive en courant, anxieux de connaître le résultat de mon tir. Un grand sourire illumine son visage lorsqu'il découvre le sanglier allongé à terre. « Superbe, magnifique ! », s'exclame-t-il. « Fameux jambons et côtelettes en perspective. Surtout que cet animal ne semble pas trop vieux. »

Là, je ne peux m'empêcher d'éclater de rire, car à regarder Paul et Noisette, il m'est impossible de déterminer lequel des deux paraît le plus satisfait.

Il m'est souvent arrivé de repenser à ce pauvre sanglier que j'ai réussi à tuer, car piégé par un grillage. Pour être tout à fait franc, je n'en ai jamais tiré gloriole.

1980 – UNE BAISSE RÉGULIÈRE DES CHASSEURS

Si les chasseurs sont encore nombreux en 2021, la pratique de la chasse est en déclin continu, puisque leur nombre a été divisé par deux en une quarantaine d'années. Ils étaient 1,6 million pour 39 millions d'habitants en 1938, et plus de 2,4 millions en 1974. Aujourd'hui, leur nombre semble s'être stabilisé autour du million.

« Ah ! Quand c'était le bon temps… »
Cette phrase, on l'entend souvent dire, principalement par des chasseurs âgés. À écouter nos anciens, la densité du petit gibier autrefois était de loin supérieure à celle d'aujourd'hui. Radotage ou réalité ? Et bien, je peux vous confirmer, à travers les souvenirs et les tableaux que j'ai réalisés à partir de 1959, que pour le chasseur, cette époque a vraiment été le bon temps.

UNE BAISSE RÉGULIÈRE QUI VA AVEC LA DIMINUTION DU PETIT GIBIER

En France, dans les années 1970-1980, tous les éléments pour rendre un chasseur heureux étaient réunis. Majoritairement adepte de petits gibiers, le Nemrod rural ou citadin trouvait dans les plaines céréalières du Centre et du Nord, perdreaux gris en surdensité, et quantité de perdreaux rouges dans les cultures et vignes du sud, sans oublier lièvres et cailles un peu partout. Chaque année, les chasseurs prélevaient une petite partie de ce gibier, ce qui lui assurait de retrouver les mêmes densités la saison suivante. Prendre une action de chasse était une démarche facile et peu onéreuse. La validation du permis de chasser et de l'assurance obligatoire, à portée de toutes les bourses, était une démarche simple et rapide. Le grand gibier, qui avait été persécuté par l'occupant au cours de la dernière guerre, voyait ses populations remonter doucement grâce à l'instauration de plan de chasse imposé par les Fédérations des chasseurs. À cette époque, les contraintes étant quasi inexistantes, chasser n'était que du bonheur !
Insidieusement, année après année, la culture moderne en recherche de rendements a bouleversé cet équilibre. Au fur et à mesure que sont apparus les champs de maïs immenses, les traitements et arrosages qui vont avec, la disparition des haies, l'utilisation d'engins agricoles de plus en plus rapides et performants, les populations de petit gibier ont régressé, et même certains, comme le gris de Beauce, ont disparu.

Alors, pourquoi chasser se sont dit beaucoup de chasseurs vieillissants ?
Heureusement, le grand gibier est revenu en force, causant de multiples dégâts, ce qui fait que certains délaissant le gibier de plaine se sont convertis à cette nouvelle pratique.
D'autres sont devenus bécassiers, bécassiniers, paloumayres, gabionneurs... ou adeptes de golf.

▶ Si le nombre de personnes passant leur permis de chasse est en augmentation depuis 2010, avec environ vingt mille nouveaux détenteurs, ce pic d'intérêt ne compense pas la chute globale du nombre de chasseurs, qui, aujourd'hui, représentent environ 1,5 % de la population totale française.

LES LÂCHERS, LE COMMENCEMENT DE LA FIN

À partir de 1977, pour pallier la diminution de leur gibier, beaucoup de gestionnaires de territoires de chasse ont eu recours à des lâchers de perdreaux d'élevage. C'était, leur semblait-il, la bonne solution pour faire remonter les populations autochtones. Personne ne pouvait imaginer que cette pratique pouvait être aussi néfaste au gibier naturel restant. Il est vrai qu'autrefois, les grandes chasses élevaient sans problème plusieurs milliers d'oiseaux destinés à être implantés dans la nature. Mais la technique employée était fondamentalement différente. Les gardes et leurs nombreux apprentis pratiquaient l'élevage dit à l'anglaise. Toute l'année, les territoires étaient purgés des prédateurs par des piégeurs hors pair. Les garde-éleveurs disposaient d'œufs récupérés par les paysans pendant les fauches ou issus de pondeuses de reprises. À leur naissance, les poussins couvés, puis élevés par des poules enfermées dans des boîtes-cages disséminées sur le territoire avaient la possibilité de trouver dans la nature des insectes, nourriture qui leur est indispensable pendant les quinze premiers jours de leur existence. Dans le même temps, travail fastidieux, ils étaient nourris aux œufs de fourmis. Chaque soir, quand les poussins avaient rejoint les poules qui faisaient office de mères, les boîtes-cages étaient fermées. Lorsque les oiseaux atteignaient l'âge de six à huit semaines, boîtes et poules étaient enlevées. Le succès était là, puisque le pourcentage de réussite de la réception des œufs aux oiseaux adultes était de 48 à 60 %. Cette méthode, qui était également largement pratiquée aussi avec le faisan, était de loin la plus productive. Les oiseaux élevés ainsi avaient un comportement de vrai sauvage dans la nature. Les quantités importantes qui étaient lâchées débordaient sur les territoires avoisinants, à la grande satisfaction de leurs propriétaires. Le coût en main-d'œuvre fait qu'aujourd'hui cette pratique serait difficilement réalisable.

PERMIS DE CHASSER DÉLIVRÉS EN FRANCE DEPUIS 1930
(hors départements d'outre-mer)

1830 : 44 000	**1840** : 123 000	**1875** : 340 000	**1905** : 511 000
1921 : 1 065 000	**1929** : 1 573 000	**1951** : 1 851 000	**1965** : 1 933 836
1966 : 1 950 525	**1973** : 2 320 081	**1974** : **2 423 008**	**1975** : 2 213 932
1976 : 2 219 051	**1980** : 2 016 541	**1985** : 1 863 926	**1990** : 1 689 272
1995 : 1 576 399	**2001** : 1 395 401	**2008** : 1 333 921	**2020** : 1 000 000

LE BRAQUE ITALIEN

Il est avéré que tous les braques sont originaires du bassin méditerranéen, les braques de Navarre et le braque italien étant, de toute évidence, les plus anciens. À les observer, il est remarquable que ces chiens de chasse pratiques se soient formés simultanément dans plusieurs pays, sous le même climat, sur des terres peu dissemblables hébergeant le même gibier, dont les chasseurs, presque de même sang, avaient par conséquent les mêmes goûts, les mêmes mœurs et les mêmes aspirations. Ce qui est vraiment frappant, c'est de constater que des chiens de mêmes caractères, de mêmes qualités et d'aptitudes se soient formés naturellement, et qu'ils se soient maintenus sans artifice pendant des siècles, parfois à des milliers de kilomètres de distance, dans chacun des trois pays, la France, l'Espagne et l'Italie.

Ses légendes

Au siècle dernier, quelques cynophiles italiens avançaient la théorie que le braque italien était l'ancêtre de tous les braques méditerranéens. Pourtant, la littérature et la peinture espagnole avaient nettement établi l'existence du braque de Navarre à des époques lointaines où les écrits italiens décrivaient celle du braque italien. Comme arguments, les Italiens reprenaient cette vieille légende qui voudrait que les braques français soient les descendants des chiens blanc orange ou blanc citron de Louis XIV et de Louis XV, peints par Desportes et Oudry, qui auraient eux-mêmes eu pour ancêtres des chiens courants dits « Blancs du Roy », lesquels à leur tour auraient eu pour grand-mère une braque d'arrêt Italienne évoquée par beaucoup d'auteurs, la célèbre « Baude », par le truchement de laquelle les braques de Navarre seraient de ce fait issu d'une souche italienne. Cet argumentaire demande quelques rectificatifs. Les chiens levrettés illustrés par ces peintres n'ont physiquement aucun point commun avec celui de l'ancien braque de Navarre. Quant à « Baude », il est tenu comme fort probable qu'elle n'a jamais été une chienne d'arrêt. Il faut comprendre qu'à cette époque le mot braque pouvait aussi désigner un chien d'arrêt comme un chien courant. Et puis, géographiquement, il nous faut bien constater que le braque de Navarre fut de tout temps connu et répandu entre Garonne, Pyrénées et Nord-ouest de l'Espagne. Si le braque italien était venu d'Italie, on l'aurait obligatoirement rencontré dans toute la Provence, alors qu'on l'y a rarement vu. Et, contrairement aux braques de Navarre, la couleur orange, ajoutés à la singularité de porter des ergots, sont les caractéristiques propres des braques italiens.

Son histoire

Dès le XVIIe siècle, il existait deux variétés assez distinctes de braques italiens. Une, la montagnarde ou Piémontaise, était svelte et de haute taille. L'autre, de plaine, physiquement plus trapue, avec la tête plus large, était originaire de Lombardie. Initialement, les deux variétés portaient la même livrée blanche et orange. Plus récemment, certains braques de Lombardie présentèrent des robes de couleur tirant sur le marron clair, parfois foncé. La teinte orange de la robe du braque italien paraît être propre au terroir de l'Italie, car elle est aussi celle du spinone. Mais l'influence du milieu aurait foncé celle du braque de Lombardie. La couleur marron rouan du chien de Lombardie pourrait s'expliquer par le supposé croisement ancien de braques blanc orange avec des chiens courants noir et feu de la race Saint-Hubert. D'autres ont vu dans le braque lombard marron le résultat de croisement avec le braque allemand. Mais le braque italien existait bien avant qu'existe le braque allemand, lequel, au 19e siècle, n'était que variétés de braques italiens et de Navarre.

Catalogué trop lent et trop lourd par certains chasseurs transalpins, la mode du chien galopeur anglais est venue « sévir » au détriment du braque italien. Au fil du temps, la race a fortement diminué, remplacée par celles des setters et des pointers.

Dans un but commercial, quelques éleveurs ont essayé de transformer leurs chiens de pays pour les rendre à la mode. Pour faire cela, ils ont employé divers procédés bien connus comme croisements avec des pointers, réduction de la taille et du volume par procédés artificiels et naturels, puis sélection des sujets tendant à répudier le type continental. Mais ces essais n'ont pas eu de succès auprès des chasseurs italiens adeptes d'une chasse rustique. Car si les pattes fonctionnaient trop bien, le nez, lui, ne suivait pas. Face à ce constat, la plupart préférèrent s'en tenir aux chiens adaptés depuis longtemps à leur terrain, à leur climat, et à leur gibier.

▶ Les Italiens ont toujours recherché la présence d'ergots chez leurs braques et leurs griffons. Ce caractère secondaire semble être considéré par les éleveurs transalpins comme une marque de fabrique nationale, car partout ailleurs, on l'a éliminé. En plus de la couleur de leurs robes parfois semblable, le fait que le spinone et le braque italien soient porteurs d'ergots prouve indéniablement que des unions ont eu lieu entre ces deux races.

Son physique

Depuis plus d'un siècle, sous l'influence vraisemblable de milieux extérieurs, de notre genre de vie, peut-être aussi de la nourriture, et majoritairement du fait de l'évolution du comportement du gibier, le physique du braque italien s'est vraiment modifié. Cette évolution a été le fruit d'une sélection voulue d'une part, parfois aidée, il faut bien l'avouer, par l'apport de géniteurs anglais de grande quête. D'un poids moyen de vingt-cinq à quarante kilos, le fanon, s'il existe toujours, est devenu beaucoup moins important. Son oreille est plantée moins bas que chez son aïeul, elle est aussi moins longue et moins plissée. La tête est moins engoncée dans les épaules, la poitrine est moins large, mais a plus de hauteur. Les côtes restent arrondies, mais le thorax n'est plus en forme de tonneau. Typiquement continental, le braque italien est naturellement un trotteur. Ce qui prouve qu'une race est d'autant plus capable de se modifier aux influences du milieu et de s'adapter, qu'elle est naturelle. Les deux particularités du braque italien sont de posséder des ergots et de porter, parfois, comme le spinone, une robe tirant sur l'orange.

Un excellent chien d'arrêt

Beaucoup de chasseurs italiens sont des bécassiers dans l'âme. Une majorité a fait le choix de chasser avec un chien de leur pays, braque ou Spinone. Comme beaucoup de chiens dits « continentaux », un braque italien sait naturellement chasser en terrain très varié, aussi bien à mauvais vent qu'à bon vent, et par toutes températures. À bon vent, il quête en émanation directe. Lorsqu'une bécasse ne se laisse pas arrêter, il la piste tout en essayant de la bloquer. Son rapport est naturel. Élevé pendant plusieurs générations par des chasseurs rustiques et banaux, peu soucieux des règles théoriques, ce chien a toujours été astreint à ne chasser que sur des terrains très morcelés, parfois escarpés, dont les nombreux obstacles naturels et artificiels rendent pratiquement impossible une quête régulière sous le vent. Le braque italien ne se départit jamais d'une attention continuelle et concentrée dans la volonté de trouver du gibier. Il a toujours cette crainte de mettre l'oiseau à l'essor avant d'avoir pu l'arrêter, ou au moins, de l'indiquer à son maître. La prudence a pour corollaire une grande finesse de nez et une intelligence adaptant l'allure et la quête aux émanations plus ou moins bonnes des circonstances du moment.

LE MONDE ÉTONNANT DES OISEAUX EN FÉVRIER

Cigognes

> Grand migrateur, les *cigognes blanches*, qui utilisent le vol plané, rencontrent de réels problèmes pour la traversée de la mer Méditerranée, car il y a peu ou pas d'ascendances d'air chaud au-dessus de l'eau. En février, de retour d'hibernation en Afrique de l'Ouest et du Sud, elles n'ont pas d'autres choix que de passer, soit par le détroit de Gibraltar en Espagne, soit par le détroit du Bosphore en Turquie.

> On peut découvrir l'envol de milliers de *grues* au petit jour qui quittent le lac du Der pour aller se nourrir dans les champs des alentours.

> Stationnent sur nos côtes du Nord, les *harles piettes* qui apparaissent en petit groupe sur les plans marins et d'eau douce. Le mâle, superbe, est quasiment tout blanc avec quelques taches noires éparses. Les femelles, à la robe grise ardoisée, sont plus ternes.

> Les *macreuses*, noires et brunes, sont des canards plongeurs migrateurs entièrement assujettis au milieu aquatique. La période de reproduction constitue le seul moment où elles peuvent être observées à terre, près des côtes.

> Cygnes chanteurs et *Cygnes de Berwick* vivent uniquement dans les régions les plus septentrionales de l'Europe. Quelques individus de ces deux espèces hivernent occasionnellement sur nos grands étangs libres de glace. Sensiblement moins trapus que nos cygnes, ils n'ont pas comme ceux-ci de caroncules noires sur le haut du bec.

LA MIGRATION EN FÉVRIER

Une rétromigration, qui est une migration à contresens, est un phénomène que l'on observe parfois en février-mars, lors de la remontée prénuptiale. Des oiseaux au calendrier de retour précoce, comme le vanneau huppé et l'oie cendrée, profitant d'un réchauffement anormal des températures, anticipent leur retour vers leurs zones de nidification. Mais face à l'apparition d'une vague de froid tardive, comme celle du 1er février 1956, ces mêmes oiseaux se trouvent obligés de rebrousser chemin jusqu'à ce que les conditions météo redeviennent favorables. Comme il est fréquent que les *passereaux* qui accompagnent un front chaud fassent demi-tour devant à un front froid. On observe ainsi une succession de phases de type « trois pas en avant, un pas en arrière ». Plus significatif encore, le cas des martinets noirs qui abandonnent leur colonie pour plusieurs jours et s'éloignent de plusieurs centaines de kilomètres au sud, même s'ils ont déjà commencé à nidifier.

LES VENTS

Le meilleur vent est sans contexte le vent d'est, puis le vent de nord-est. Les moins bons sont ceux de nord, et de nord-ouest.

À OBSERVER

Février, c'est le mois des *siffleurs*. Puis viennent dans l'ordre les *colverts*, les *sarcelles*, les *milouins*, les *morillons*, les *pilets*...

Siffleur

Le tir aux pigeons n'est pas un sport, mais une maladie. Fort coûteuse d'ailleurs en raison des cures incessantes à Deauville, à La Baule, à Monte-Carlo, à Boulogne, et des soins donnés au matériel par ces grands médecins des fusils que sont les arquebusiers.

Jean Lurkin

ÉMOTIONS DE CHASSE *par Gaspard de Cherville*

MATADOR

Tous ceux qui ont étudié un équipage ne me démentiront pas : il y a autant de diversité dans les caractères des chiens que dans les nôtres ; ils se ressemblent plus souvent par l'extérieur que par ce que vous me permettrez d'appeler le « moral », puisque je ne dispose pas d'une autre expression.

L'intérieur d'un chenil, la vie privée de ses hôtes est donc un champ d'observation vraiment curieux. Dans le mien, un griffon de Vendée, appelé Matador, y représentait le grincheux. C'était un grand animal au sous-poil blanc et orange teinté de gris, aussi bourru que l'était son tempérament. Non seulement Matador réglait quotidiennement quelques affaires d'honneur avec des camarades, mais il ne se montrait pas moins mauvais coucheur avec son général en chef ; à un coup de fouet, il répondait par un coup de dent. Bien des gens s'étaient étonnés que je conservasse cette bête féroce ; mais Matador rachetait les imperfections de son humeur par des qualités de chasse très sérieuses. Mieux doué que la plupart des griffons de Vendée sous le rapport de l'odorat, il se rabattait sur les « erres » les plus hautes. Enfin, il était encore plus mordant avec les bêtes noires qu'avec les bipèdes ; laissant ses camarades amuser le sanglier par leurs abois, il se glissait sournoisement par-derrière ; attendait un mouvement favorable, le saisissait aux mamelles et ne le lâchait plus.

MARS
2022

MARS

LUNDI	MARDI	MERCREDI	JEUDI	VENDREDI
sem. 9 ROMAIN 28	● AUBIN 1	CH. LE BON 2	GUÉNOLÉ 3	CASIMIR 4
sem. 10 FÉLICITÉ 7	JEAN DE DIEU 8	FRANÇOISE 9	◐ VIVIEN 10	ROSINE 11
sem. 11 MATHILDE 14	LOUISE 15	BÉNÉDICTE 16	PATRICE 17	○ CYRILLE 18
sem. 12 CLÉMENCE 21	LÉA 22	VICTORIEN 23	CATH. DE SUÈDE 24	◑ ANNONCIATION 25
sem. 13 GONTRAN 28	GWLADYS 29	AMÉDÉE 30	BENJAMIN 31	HUGUES 1

SAMEDI	DIMANCHE
OLIVE 5	COLETTE 6
JUSTINE 12	RODRIGUE 13
JOSEPH 19	PRINTEMPS 20
LARISSA 26	HABIB 27
SANDRINE 2	RICHARD 3

Du côté des livres

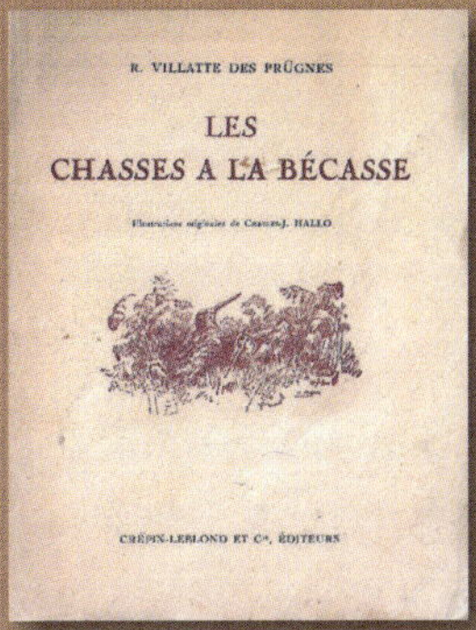

LES CHASSES À LA BÉCASSE

Villatte des Prugnes - 1951

« Non, pour chasser au bois, il n'est pas indispensable de se mettre la figure en sang et les habits en lambeaux, et si, parfois, on est engagé par l'ardeur de la poursuite dans un passage un peu difficile, on en sort toujours sans autre mal que d'insignifiantes égratignures. En principe, c'est une faute de pénétrer soi-même au fourré, c'est le chien qui doit faire ce travail. Il n'est qu'un cas où il semble qu'il faut avancer, malgré tous les obstacles, c'est pour aller à l'arrêt du chien, et encore le plus souvent est-il possible de tourner la difficulté, car il n'est pas de fouillis, si impénétrable, qui n'ait des limites. On en fait le tour quand on ne veut s'engager dans une coulée trop encadrée de piquants. »

UNE HISTOIRE

Les sangliers de la Sauldre

Encore une fois, la Sauldre en décrue vient de regagner son lit. Je me dois de vous préciser qu'après plusieurs jours de pluie, il est ordinaire de retrouver des dizaines d'hectares inondés sous un mètre d'eau, ce qui n'est pas sans conséquence. Comme ce week-end, où nous avions prévu de chasser le grand gibier. Deux compagnies de sangliers traînaient dans les bois. Je disposais de quatre bracelets de chevreuil. Les meilleurs rabatteurs nous avaient donné leur accord, les invités n'allaient pas tarder à arriver... tout se présentait bien.

En me levant le matin, je constatais, très désappointé, qu'au cours de la nuit la Sauldre avait quitté son lit ce qui, comme d'habitude, réjouissait les canards qui tournoyaient dans le ciel comme des moustiques, et qui nous empêchèrent de chasser ce jour-là.

Ce matin, nous chassons à la billebaude avec Raymond, lorsque mon compère repère le train tout frais d'un sanglier qui rentre dans une des boucles de la Sauldre. Cette enceinte, d'une paire d'hectares, a la forme d'une poire dont les extrémités se rapprochent à quelques dizaines de mètres sur un talus. Bon ! Il est aussi facile de rembucher sur un terrain détrempé que dans la neige, et d'évidence, un sanglier d'une quarantaine de kilos venait de passer à cet endroit peu de temps auparavant, ce que nous confirme ses empreintes dans lesquelles la terre se trouve encore en suspension. Immédiatement, nous imaginons que cet animal n'a peut-être pas traversé la rivière, et qu'il s'est remisé là. Je possède à cette époque une femelle griffon Korthals redoutable sur tous les gibiers. Sybelle a un nez exceptionnel, arrête comme un piquet et ne perd, pour ainsi dire, aucun oiseau désailé. Bien sûr, comme tous les griffons, cette chienne a une prédilection pour les grands animaux, avec une attirance encore plus marquée pour les sangliers qu'elle accompagne de la voix. Intelligente, obéissante, compagnonnable, Sybelle me voue une totale adoration. Elle est, sans aucun doute, l'auxiliaire parfaite dont rêve de posséder un chasseur une fois dans sa vie. Raymond, lui, est accompagné de Ficelle, une femelle springer retorse, folle de chasse, aussi bonne au poil qu'à la plume. Comme beaucoup, nous avons tous les deux dans nos poches quelques Brennekes. En quelques mots chuchotés, notre plan est vite élaboré. Mon copain ira se poster au milieu de l'étranglement de la boucle, tandis que moi, Sybelle à mes pieds, après avoir longé le bord de la Sauldre, je me rendrai à son extrémité pour rabattre. Ce qui est dit est fait. Tout en marchant à grands pas, je me fais la réflexion que cette partie de Sauldre qui délimite notre territoire, n'est pour ainsi dire, peu ou jamais chassée.

Bon, il est vrai que connaissant Sybelle, j'aurais dû me méfier. Tout au long de notre trajet, ma chienne n'arrête pas de donner des petits coups de nez en l'air qui la font s'arrêter, ce qui n'est pas dans ses habitudes. Une fois sur place, j'introduis deux balles dans mes canons. D'un mot je libère Sybelle, puis je m'avance en direction des fourrés pour rabattre.

Comme vous allez le constater, la suite des évènements est complètement sidérante. Immédiatement, sans une once d'hésitation, Sybelle part au galop en direction d'un énorme bosquet d'épines noires entremêlé de ronces. À l'instant où elle disparaît de ma vue, elle se met à aboyer comme une folle. Dans la seconde qui suit, j'aperçois quatre gros sangliers noirs comme du charbon qui jaillissent de ce massif comme des bouchons de champagne. Imaginez un peu ma stupeur ! Sybelle, toujours à l'intérieur, semble très en colère. Brusquement, je vois d'autres sangliers sortir en courant, et puis encore d'autres. Ça grouille de sangliers tout autour de moi. Tous ces animaux affolés passent en force en cassant du bois pendant que Sybelle, déchaînée, hurle en les poursuivant. À moitié épaulé, décontenancé, je regarde défiler les suidés

dépêche d'aller piller mon sanglier mort.

Le silence revient dans les bois.

Dans un premier temps, je vais examiner le sanglier que je viens de tuer. C'est un beau mâle d'une soixantaine de kilos, qui a pris ma balle dans le cou. Je m'amuse à regarder Sybelle. Les pattes de devant posées sur « son » sanglier pour être certaine qu'il est bien mort, celle-ci semble vraiment très satisfaite.

sans pouvoir tirer, car ils détalent en limite de portée pour une Brenneke. Il y a là des sangliers de toutes les tailles. Il y a là des gros, des moyens, des bêtes rousses, qui foncent tous en direction de la Sauldre, avec, semble-t-il, la ferme intention de la traverser. Il faut savoir qu'un sanglier pourchassé se jette dans l'eau dans son élan, sans ralentir. Maintenant, ce ne sont que des plouf sonores à répétition. Au loin, j'entends Raymond tirer deux coups. Tout de suite après, j'ai la chance de faire culbuter d'une seule balle un beau ragot qui ne m'ayant pas certainement pas localisé se dirige droit vers moi. Vite, je recharge et je constate qu'une multitude de sangliers sont en train de traverser la Sauldre à la nage. Je m'abstiens de tirer, car il m'est arrivé dans les mêmes conditions de perdre un sanglier. Celui-ci, touché à mort, avait coulé à pic et, malgré toutes nos recherches, n'avait jamais pu être retrouvé. Lorsque les sangliers abordent la rive d'en face, la plupart sont dissimulés par des branches basses et des arbrisseaux. En supposant même que j'arrive à tirer et à en arrêter un, il me serait impossible par la suite de traverser pour aller le récupérer, le pont le plus proche se trouvant à des kilomètres de là. De toutes les façons, ces animaux se trouvent maintenant sur la propriété de mon voisin, et il ne serait pas correct de les tirer chez lui. Cette scène, complètement irréaliste, a duré moins de deux minutes. J'ai toutes les peines du monde à faire arrêter Sybelle survoltée, qui nage au cul des sangliers. Ma chienne, tout émoustillée, revient vers moi, et se

Impatient de savoir ce qu'a fait Raymond, je me hâte de le rejoindre. En arrivant auprès de mon ami, je distingue un sanglier d'une quarantaine de kilos couché à ses pieds.

Raymond, tout sourire, me fait part qu'il avait bien entendu les aboiements de Sybelle, ainsi que le vacarme fait par toutes les bêtes noires qui se défilaient. Se tenant prêt, il avait vu surgir ce sanglier qu'il avait eu la chance de tirer à bonne portée. Peu après, poursuit-il, était arrivée une grosse laie accompagnée d'une ribambelle de marcassins rayés, qu'il avait salué de son chapeau. Nous nous faisons la réflexion que cette laie n'avait certainement pas voulu faire traverser la Sauldre à sa progéniture, estimant son courant trop rapide et ses remous dangereux.

Curieux, nous allons observer le massif d'où étaient sortis tous les sangliers. D'évidence, cet endroit devait bien leur plaire, car nous trouvons une multitude de bauges disséminées un peu partout. Les sangliers avaient trouvé là un havre de paix et de tranquillité, dans lequel ils se sentaient bien en sécurité. On se congratule avec Raymond, car deux sangliers prélevés, c'est un résultat formidable et inespéré. Il ne nous reste plus qu'à aller chercher le tracteur pour ramener ces animaux, puis à les vider et à les découper.

Sur le chemin du retour, je m'amuse à observer Sybelle qui trottine devant nous. J'arrive en grande partie à déceler les sentiments de ma chienne. Eh bien, à cet instant, je vous assure que la plus heureuse d'entre nous, visiblement, c'est elle.

1990 - EXPLOSION DES POPULATIONS DE SANGLIERS

À partir de 1950, les toutes nouvelles méthodes de culture américaine établies sur le sol européen transformèrent radicalement le paysage français. Le sanglier trouva une possibilité nouvelle de quitter les forêts en restant à couvert, ceci grâce au développement de la culture du maïs. À compter de cette époque, modifiant progressivement leurs habitudes alimentaires et comportementales, les populations de suidés peuplèrent de plus en plus les zones de plaines, aidées en cela par les surfaces toujours plus étendues de maïs qui lui donnaient gîte et couvert. Et là, est intervenu un phénomène perturbant biologique qui est à l'origine du bouleversement fondamental opéré sur cette espèce. L'énorme puissance énergétique du maïs grain, en agissant sur le cycle hormonal de la laie, a bouleversé les périodes de reproduction de cette espèce en réduisant la durée de son anœstrus. Le sanglier, contrairement aux autres populations de grand gibier herbivore, ne se reproduit pas au cours d'une période précise, mais à un poids donné. Cet engraissement, bien involontaire, donna une maturité sexuelle des femelles à un âge beaucoup plus jeune, un développement du nombre de portées par laie et une augmentation du nombre de marcassins à chaque portée.

LE MAÏS GRAIN, SEUL RESPONSABLE

Le sanglier, comme tous les porcins, est omnivore. Une laie qui a la possibilité de se nourrir de maïs sera sexuellement mature relativement tôt, c'est-à-dire dès que son poids approchera une trentaine de kilos, à l'âge de six mois. Ce poids sera atteint plus ou moins vite en fonction de sa date de naissance, des capacités laitières de sa mère et de la ressource alimentaire disponible. Cyclée tous les vingt et un jours, sa période réceptrice est de courte durée, de trente-six à quarante-huit heures au maximum. On notera toutefois un anœstrus saisonnier, c'est-à-dire une mise au repos sexuel, pendant la période estivale correspondant aux jours chauds.

Autrefois, les sangliers n'atteignaient pas le poids de ceux d'aujourd'hui, du moins pas aussi rapidement. Il y a cinquante ans, la prise de poids moyenne d'un jeune sanglier était de deux à trois kilos par mois. Aujourd'hui, grâce au maïs grain, c'est le double, la croissance des jeunes sangliers est de l'ordre de cent trente grammes par jour. À six mois, il pèse trente kilos, soixante à un an, pour atteindre les cent kilos à deux ans. L'équation est simple et aboutit à l'explosion de sa population, avec pour conséquences l'augmentation vertigineuse des dégâts causée aux cultures, la multiplication des accidents de la circulation, la perte de biodiversité et l'apparition de nouveaux risques sanitaires.

Il est désormais sous la responsabilité de chaque fédération départementale des chasseurs, avec l'appui de la Fédération nationale des chasseurs. Ce fonds est réservé à l'indemnisation des dégâts de sangliers et des grands animaux soumis au plan de chasse, dont l'application a été généralisée par la Loi de finances rectificative du 29 décembre 1978.

Le financement du fonds départemental est assuré par les chasseurs et détenteurs de droit de chasse du département sous la forme de cotisations et participations spécifiques et variées. Les opérations relatives à la prévention et à l'indemnisation des dégâts s'inscrivent dans le budget de la fédération départementale, présenté lors de chaque assemblée générale aux chasseurs. Une Commission nationale d'indemnisation des dégâts de gibier fixe chaque année les valeurs minimale et maximale des prix à prendre en compte pour l'établissement des barèmes départementaux, au fur et à mesure de sa connaissance des cours réels des marchés. Les prix ainsi établis correspondent à la valeur des récoltes, déduction faite des frais de séchage et de transport. Elle fixe également, chaque année, aux mêmes fins, les valeurs des frais de remise en état.

▸ L'anœstrus, cette période de repos sexuel d'environ quatre mois (août à novembre) intervient chez la laie après la période d'allaitement. Il permet de recaler l'espèce dans son cycle biologique normal en repoussant l'œstrus des femelles en hiver pour faire naître les jeunes en début de printemps.

LE SANGLIER, UN REDOUTABLE PRÉDATEUR

Depuis des décennies, le sanglier, ce grand prédateur, a largement participé à la diminution du petit gibier. Omnivore à l'odorat extrêmement développé, il parcourt chaque nuit, champs cultivés, haies et bords d'étangs en perpétuelle recherche de nid pour manger œufs, poussins, faisans et perdreaux non volants, canards et oies en mue. Tout lui est bon ! Comme cela a été maintes fois constaté, une bande de sangliers n'hésitera pas à s'en prendre à un cervidé blessé et immobilisé, pour le dévorer.

LE REMBOURSEMENT DES DÉGÂTS DE SANGLIER

La volonté des chasseurs de mettre fin au droit d'affût utilisé par les agriculteurs contre les sangliers a conduit le législateur à mettre en place un système d'indemnisation excluant toute notion de responsabilité pour faute. Ce fonds a d'abord été géré par le Conseil supérieur de la chasse, remplacé en 1972 par l'Office national de la chasse.

▸ CONCLUSIONS

Les modalités d'indemnisation des dégâts de sangliers par les chasseurs, si elles restent indispensables pour indemniser les pertes de récoltes subies par les agriculteurs, ont l'obligation d'évoluer. En 2021, la plupart des fédérations éprouvent d'importantes difficultés à financer les dégâts qui atteignent des montants astronomiques, résultat de la diminution du nombre des chasseurs cotisants et de l'explosion des populations de sangliers.

PASSION DU CHIEN

LA RECHERCHE D'UN GRAND GIBIER BLESSÉ

Chercher un gibier blessé à l'aide de chiens tenus à la longe est une pratique qui demande un grand savoir-faire, et qui nous vient des pays de l'Est. Ces chiens, parfaitement éduqués pour cette recherche pendant de nombreuses générations, possèdent un fort atavisme pour suivre la voie d'un animal blessé, plusieurs heures après le tir, même parfois le lendemain. Appelés aussi « chien de rouge », ils ont l'avantage de ne pas faire « change » avec un animal de rencontre. Ces auxiliaires demeurent imperturbables et ils collent littéralement à la voie qui leur a été définie, sans déranger les autres animaux.

Oui, mais quel chien ?

Les chiens de sang doivent posséder un caractère malléable. Les qualités recherchées sont de posséder un fort instinct de chasse, d'être un excellent pisteur avec le nez qui va avec, sans oublier d'avoir du courage et de l'endurance au travail. Dans les races spécialisées, on trouve surtout des chiens allemands, mais n'importe quel chien possédant cet atavisme et éduqué très jeune peut être employé à cet usage. On distinguera, selon l'éducation qu'il recevra : le chien de rouge forceur, le chien de rouge hurleur à la mort, le chien de rouge indicateur à la mort.

Le Teckel à poil dur

Le teckel, et plus particulièrement le Teckel à poil dur, qui n'est pas classé dans les chiens de sang, est un limier particulièrement efficace. En France, ce basset a été au cours du XXe siècle l'un des auxiliaires les plus utilisés pour rechercher un grand animal blessé.

Le Basset des Alpes ou dachsbrack

Originaire d'Autriche, le Basset des Alpes ou « Alpenländische dachsbrack », qui est classé en Groupe 6, est principalement utilisé comme chien de sang dans les Alpes et les pays de l'arc alpin. Rustique et résistant bien aux intempéries, c'est un vrai basset à l'ossature fortement charpentée, avec des membres courts et des antérieurs droits et forts. En Autriche, ce chien jouit d'une popularité croissante comme chien de rouge. Ses performances dans la recherche au sang lui ont rapporté la reconnaissance du Kennel en 1932 en tant que troisième race de chien de sang, avec le « rouge » de Bavière, et le « rouge » de Hanovre. Il est aussi utilisé pour la chasse aux lièvres, du renard, et celle du grand gibier où il excelle. Le basset des Alpes chasse en solo ou en couple.

▶ Encore peu connu, ce formidable auxiliaire doté de multiples qualités devrait séduire traqueurs et spécialistes de la recherche au sang, aussi bien en montagne qu'en forêt.

Le Langhaars

Jusqu'à la fin du XIXe siècle, on ne connaissait pas d'épagneul propre à l'Allemagne. À partir de là, les Allemands, très amateurs de grand gibier, se sont toujours plus préoccupés de fabriquer des chiens de chasse pratiques à leur convenance, plutôt que de leur imposer un standard. Tous ces épagneuls à poil long allemand, principalement originaire de France, d'Italie et d'Espagne, étaient dénommés langhaars à stichelhaars. Ces chiens, de création récente, avaient comme unique vocation la recherche au sang. Redoutable pisteur au nez très fin, le Langhaars est devenu l'un des auxiliaires les plus très utilisés en Allemagne pour la recherche des grands animaux blessés. Cette spécialisation était obtenue par dressage et par atavisme. Puis est venue la mode des chiens rouges de Bavière et Hanovre. Le Langhaars, en forte diminution après les deux dernières guerres, a bien failli disparaître. Pour sauvegarder la race, les éleveurs firent une infusion massive d'épagneuls français et de setters avec leurs géniteurs, ce qui fait que certains Langhaars sont devenus aujourd'hui des chiens d'arrêt.

Le chien rouge de Bavière

Son nom d'origine est : Bayerisher Gebirgs-Chweisshund. Le chien rouge de Bavière est classé dans le groupe 6 de la FCI section 2 (chiens de recherche au sang). C'est à partir de ces chiens qu'ont été sélectionnés les chiens de rouge travaillant uniquement sur la voie d'un gibier blessé. On procéda également à des croisements avec des races locales de chiens courants de montagne (Ticoler Bracken, Brandlbracken, Dachsbracken). En 1912 est créé le Club du Chien rouge de Bavière. Son utilisation en France date des années 1980, mais ses effectifs sont encore assez réduits. Calme, équilibré, docile, c'est un bon compagnon. Comme pour tout chien de sang, l'éducation demande patience et expérience. Le Rouge de Bavière a une taille moyenne avec un poil ras de couleur rouge-jaune ou rouge froment. La tête est forte et allongée avec des oreilles plates attachées haut à pointes arrondies, la truffe est noire ou rouge foncé. Ce chien a besoin d'espace et d'exercice.

▶ À l'origine chasseur de chamois, doté d'un flair développé et d'un instinct de chasseur puissant, le Rouge de Bavière est particulièrement utilisé pour la recherche de tous les grands gibiers blessés. Courageux, fougueux, rapide, agile, ce chien est à l'aise sur les terrains difficiles.

Le chien rouge de Hanovre

Le Chien de Rouge de Hanovre, descendant des grands limiers du moyen-âge, et par conséquent du Saint-Hubert, a été créé au XVIIe siècle, puis a été amélioré au XIXe par croisements avec des chiens courants, dont le Heidebracke. Introduite chez nous dans les années 1980, cette race est relativement rare. Ce spécialiste sur gibier blessé est encore un chien allemand (Hannoverscher Schweisshund) classé dans le groupe 6. On a longtemps distingué le limier hanovrien à forme de limier et le limier hanovrien à forme de chien de rouge, le second se caractérisant par un type élancé et une structure plus légère avec des oreilles attachées plus haut. Sa robe est couleur rouge cerf, avec parfois un masque noir au niveau de la tête. Ce chien n'est pas un citadin.

▶ Robuste, vigoureux, puissant, très fin de nez, c'est aussi un redoutable lanceur, appliqué sur la voie, mordant, ne s'éloignant pas trop.

Le chien courant slovaque, Slovensky Kopov

Le chien courant slovaque, Slovensky Kopov Intégré dans lui aussi dans le 6e groupe, on le nomme également Braque Kopov. Originaire des montagnes de Slovaquie, très rustique, le Slovensky Kopov possède un excellent odorat, qui lui permet de suivre une voie refroidie. De caractère tenace, opiniâtre même, il ne renonce jamais, d'une belle voix bien gorgée lorsqu'il quête. Son sens de l'orientation est unique et précis, son tempérament entier et indépendant. Le Kopov a besoin d'une éducation ferme et méthodique. Intelligent, ce chien à ossature légère comprend vite ce que son maître lui demande. Sa robe est noire et feu avec un poil mi-long très rude.

▶ Ce chien vraiment pas commun est particulièrement résistant et endurant sur les terrains difficiles et sous des climats rudes. Le Kopov est un phénomène dans son genre, capable de relever la voie d'un gros gibier dans les pires conditions.

LE MONDE ÉTONNANT DES OISEAUX EN MARS

> En croule, la *bécasse mâle* émet trois ou quatre « ouort-ouort-ouort-ouort » grognant et sourds, conclus par un « pissp » perçant et explosif qui s'entend jusqu'à 300 mètres.

> Les *oies rieuses* regagnent leur toundra natale située entre la presqu'île de Kanin et celle de Yamal en Russie. Elles y nicheront près des côtes dans les tourbières et les lacs. Le nid est placé sur une petite éminence dépourvue de neige et à l'abri des eaux de fonte à venir. Il est constitué d'herbes, de lichens, de mousses et de rameaux d'arbrisseaux nains.

> La ritournelle du *rouge-gorge* est beaucoup plus sophistiquée qu'il n'y paraît, puisqu'un spécialiste français en bioacoustique y a décelé 250 éléments différenciés et un répertoire de 1 300 motifs.

Croule

> Voici venu le reflux vers leurs zones d'hivernage des *cormorans*, tant honnis par les pêcheurs et par les pisciculteurs.

> On entend les premiers chants des *alouettes des champs*, qui sont soit des individus nordiques migrant vers le sud, soit des résidents sédentaires.

> Difficile de tenter d'approcher le *coq de bruyère*, queue déployée, ailes pendantes, cou et tête redressés, barbe hérissée, qui parade sur sa place de chant.

LA MIGRATION EN MARS

Mars avec avril constituent la période la plus active de la migration printanière des anatidés. Bien qu'étalés, les mouvements migratoires prénuptiaux se déroulent sur une période plus courte que la migration d'automne. *Canards, cygnes, fuligules, harles, macreuses, oies* et *sarcelles* se préparent à nidifier dans leurs aires de reproductions respectives, souvent très lointaines, ce qui exige des dépenses d'énergie considérables. De façon conventionnelle, on peut distinguer les hivernants, qui, venant du Nord et de l'Est, stationnent sur nos étangs pour y passer la mauvaise saison, et les migrateurs au long cours de retour d'Afrique, qui font une halte de repos et de nourriture sur nos plans d'eau avant de poursuivre leur route. Ces deux catégories forment ce va-et-vient spectaculaire qui anime nos marais à cette époque. Souvent, les distances qui restent à parcourir sont encore considérables. *Cygnes de Bewick* et *oies rieuses* vont nicher dans la toundra arctique, *pilets, siffleurs* et *harles bièvres* en Scandinavie et au nord de la Russie, sarcelles d'été dans la taïga scandinave et russe. Sur nos grands étangs règne une intense effervescence. Certains oiseaux d'eau s'apprêtent à partir, d'autres arrivent, tandis que les mâles adoptent des postures étonnantes en vue de séduire la femelle convoitée.

LES VENTS

Les vents de sud-est, d'est et du sud sont favorables à la migration prénuptiale. Par contre, sans vent ayant une tendance à l'est, même par vents violents contraires, les migrateurs s'efforceront d'aller rejoindre leur zone de nidification.

À OBSERVER

Les foulques qui sont omniprésentes sur nos étangs. Dès mars, en rixes acharnées, les mâles survoltés se disputent une partenaire sur la grande scène des plans d'eau dans des combats très spectaculaires.

ESCALE DES MIGRATEURS EN BAIE DES VEYS

Dans les années 70, la chasse du gibier d'eau fermait le 31 mars. Le 28 vers midi, je décide d'explorer la Baie des Veys dans l'espoir de tirer un canard ou deux. Arrivé sur la digue, je survole du regard la baie, je suis seul ! Il fait doux et beau, la mer est étale. Sans un souffle de vent, le brouillard peine à disparaître. Et là, ébahi, je constate que sable et vasières sont recouverts de milliers de canards de toutes races, de *courlis*, de *livergins*, de *barges*, de *pluviers*... Le cœur battant, je marche droit en direction de cette énorme masse d'oiseaux. Face à moi, ceux-ci s'envolent à moins de cent mètres, puis, par centaines, ils glissent sur les côtés, hors de portée, pour se reposer... derrière moi. Ma présence crée un vide, dont je suis le centre. Spectacle inoubliable qui ne me permit pas de tirer une seule cartouche ce jour-là.

Envol de canards

Les loups, dès le commencement de leur furieux ravage, ne laissèrent dans les villages aucun chien, comme si par leur instinct naturel, ils eussent projeté qu'ayant tué les gardes, ils auraient bon marché des choses gardées.

Jakez Cornou

ÉMOTIONS DE CHASSE *par Jean Lurkin*

UNE CHASSE À L'EIDER

J'allai jadis, convié par un camarade de tir aux pigeons qui louait, au nord de l'Europe, une fort belle chasse à l'eider. Le budget en était assez lourd pour sa fortune, pourtant jolie à cette époque. Le voyage était onéreux, le permis de chasse d'un coût élevé, et le change meurtrier. J'avais fait mes calculs quant à la masse des devises nécessaires, et prévu une marge suffisante pour tout évènement fortuit. Bien m'en prit. La chasse, qui durait huit jours, avait été splendide. Grâce au garde Harold qui m'accompagnait sur l'eau et connaissait à fond son métier, cette expédition devait rester un de mes plus beaux souvenirs cynégétiques. J'en témoignai ma satisfaction et ma reconnaissance à mon hôte, la veille de mon départ.

– C'est vrai, me dit-il en tournant la cuiller avec détachement dans sa tasse à café, j'oubliais de vous dire qu'ici, on donne généralement à Harold tant de « ryksdales ».

Je réprimai difficilement un sursaut. La base fixée représentait le quadruple au moins de ce que, tenant compte de ma réussite, du plaisir goûté et des usages en vigueur dans mon pays, j'avais résolu de glisser discrètement à Harold. Mon hôte acheva, montrant ainsi qu'il avait prévu les « resquilleurs » habituels : « Je me chargerai de les lui remettre, car il ne sera malheureusement pas là demain. »

Quant à la fermière - nous logions dans une ferme - elle se contente de la moitié. J'étais désarmé. Je lui remis la liasse de « ryksdales » avec effusion en réglant le montant des cartouches dont il avait bien voulu se charger, puisque je ne connaissais pas la rude langue du pays. Il me restait mon billet de retour, mais je ne pus, aux arrêts, faute de monnaie, goûter à l'excellente bière de fabrication locale. Je rencontrai, par la suite, des tireurs qui avaient également bénéficié d'une invitation en Dalécarlie. Après quelques regards amusés et feints oratoires, nous finîmes par mettre nos souvenirs en commun et pûmes conclure avec certitude que notre hôte septentrional grâce à ses invités, actionnaires involontaires, il en recevait deux fournées par mois, payait non seulement le brave Harold, mais encore une partie de la location de sa chasse. Celle-ci, d'ailleurs, était si belle, que l'on y retournait avec joie. Néanmoins, comme « coup de fusil » hospitalier, c'est assez inattendu.

AVRIL
2022

AVRIL

LUNDI	MARDI	MERCREDI	JEUDI	VENDREDI
sem. 13 GONTRAN 28	GWLADYS 29	AMÉDÉE 30	BENJAMIN 31	HUGUES 1
sem. 14 ISIDORE 4	IRÈNE 5	MARCELLIN 6	J.-B. DE LA SALLE 7	JULIE 8
sem. 15 STANISLAS 11	JULES 12	IDA 13	MAXIME 14	PATERNE 15
sem. 16 LUNDI DE PÂQUES 18	EMMA 19	ODETTE 20	ANSELME 21	ALEXANDRE 22
sem. 17 MARC 25	ALIDA 26	ZITA 27	VALÉRIE 28	CATH. DE SIENNE 29

SAMEDI	DIMANCHE
SANDRINE 2	RICHARD 3
GAUTHIER 9	FULBERT 10
JOSEPH 16	PÂQUES 17
GEORGES 23	FIDÈLE 24
ROBERT 30	FÊTE DU TRAVAIL 1

Du côté des livres

ESPACES SAUVAGES

Jim Fergus - 2011

C'est pour réaliser un rêve d'enfant que Jim Fergus décide au début des années 1990, de parcourir le continent nord-américain, comme le faisaient autrefois les anciens nomades à la poursuite du gibier. Que l'on ne s'y trompe pas ! Jim Fergus, cet écrivain auteur à succès, est un chasseur, un vrai ! Il a pu ainsi sillonner les grands espaces d'une vingtaine d'états avec ses fusils et sa labrador Sweetzer. Chaque jour, il s'arrêtait en pleine nature pour y chasser librement gelinottes, colins, bécasses, tétras, perdrix grises, bécassines, tourterelles et canards. C'est une véritable découverte pour le chasseur européen qui n'imagine pas la richesse et la diversité des espèces de petit gibier qui existent en Amérique du Nord. Là, pas question de lâcher, mais d'oiseaux sauvages, que le chasseur trouve parfois en densité invraisemblable.

Plus qu'un récit de voyage ou qu'un simple carnet de chasse, ce livre époustouflant, en forme de balade sauvage, nous permet d'atteindre à l'essence même de ce qui a fait la grandeur de la littérature américaine.

Édtition Cherche midi
466 pages

UNE HISTOIRE

Feu le lapin !

Septembre 1958, année de mon premier permis de chasse. Je suis en vacances à Vendres, petit village de l'Hérault. Jacques Barral, mon copain garde-chasse de la commune, m'invite à l'accompagner pour tirer quelques lapins menés par ses bassets. Cette chasse est passionnante. Je tue ce jour-là mon premier garenne. Rentré pour déjeuner chez mon ami, je garde depuis le souvenir de ce lapin de garrigue, tué depuis moins d'une heure, la peau enlevée, découpé, mis dans un four brûlant et servi rosé. Il était accompagné de nouilles, et d'une sauce relevée expédiée à base du foie, du sang du garenne et de vinaigre. En vérité, je n'ai jamais mangé de ma vie un lapin aussi bon.

Février 1983. Je suis le locataire des trois cent soixante hectares de Faverolles, ce superbe territoire de la Sologne des étangs. En ce samedi matin gris et humide, j'ai bien envie de chasser, accompagnée de Sybelle, ma brillante griffonne Korthals, dont les yeux interrogatifs n'arrêtent pas de se poser sur moi. En prévision des battues de grand gibier qui sont prévues demain, rechercher une bécasse dans les bois serait malvenue. Les pigeons ramiers étant absents, il ne me reste donc plus, comme dernière possibilité, que d'essayer de chasser quelques lapins. Il me revient alors en mémoire qu'il m'arrive souvent d'entrapercevoir, le soir en voiture, quelques garennes batifoler au bord d'une haie épaisse située dans la plaine des Mouets, en bordure de la propriété.

Un quart d'heure plus tard, nous arrivons avec ma chienne en bordure de cette bouchure. Agréablement surpris, je découvre des crottes et des grattis disséminés un peu partout. Il me semble alors évident que le Jeannot est bien présent. Sybelle, comme tous mes autres chiens, a toujours été passionnée par les lapins. La queue frétillante, ma Korthals pénètre dans la bouchure, et dans les minutes qui suivent, accompagnée de plusieurs coups de gueule, elle fait sortir quelques culs blancs à portée de fusil. Je tue trois lapins, ce qui me satisfait pleinement. Par contre, je suis extrêmement surpris lorsque je tiens les garennes entre mes mains. En regardant mes lapins, je découvre qu'ils sont gris souris ! Et qu'ils sont petits, pesant environ six cents à sept cents grammes. Je trouve cela bizarre, et je décide de questionner sur ce sujet Raymond Ponroy, l'actuel propriétaire de Faverolles. Le vendredi soir de la semaine suivante, comme j'en ai pris l'habitude, je vais discuter avec Raymond, qui est un personnage sympathique et érudit. Lui aussi d'ailleurs semble apprécier mes visites. Grand, mince, les yeux malins, « Le père Ponroy », comme j'ai pris l'habitude de la surnommer, est âgé de quatre-vingt-douze ans. Artilleur pendant la guerre de 14-18, les incessants coups de canon l'ont rendu presque sourd. Lorsque je lui explique, en parlant très fort, mon étonnement sur le poids et la couleur des lapins que j'ai tués la semaine dernière, je ne me doutais pas du tout de ce que Raymond allait me raconter.

« Et bien Alain, je comprends ta surprise ! Car les lapins de la plaine des Mouets, contrairement à ceux que l'on peut observer ici et là, ont gardé toutes les caractéristiques des lapins d'avant le XVIIIe siècle, ce qui est un mystère. Après cette date, peut-être involontairement ou dans le but de les rendre plus intéressants à manger, il y a eu de très nombreux croisements avec des lapins de clapier. Alors, peu à peu, nos lapins de garenne ont pris du poids avec une robe tirant légèrement sur le roux. On trouve, dans certaines parties de la France, quelques souches qui n'ont pas ou peu évoluées, mais elles sont assez rares. »

Alors celle-là, je ne l'ai pas vu venir.

Voulant étaler mon maigre savoir sur les lapins de garenne, j'évoque le problème de la myxomatose, qui est un drame vécu par le petit chasseur rural, et je lui pose la question de savoir comment c'était « avant ».

Avant de me répondre, tout en tirant sur sa pipe, Raymond s'assied confortablement dans son fauteuil placé tout prêt d'un poêle ronflant, chargé en bois à ras la gueule. Les yeux rieurs, le vieux monsieur commence à parler :

« Oh oui ! Je sais que les chasseurs en veulent énormément à Armand-Delille, lorsque ce membre de l'Académie de médecine a inoculé le virus de la myxomatose à trois lapins de reprises, puis les a relâchés dans son parc, inoculation qui a déclenché cette furieuse et galopante épizootie. Oui, et je peux les comprendre ! Mais sache d'abord que cet homme était persuadé que la maladie ne dépasserait pas les murs de sa propriété. Sache que nous, les Ponroy, comme tous les autres propriétaires solognots, avons subi pendant des siècles une surdensité de lapins de garenne dans nos propriétés. En vérité, nos terres ont été décimées par la gent lapine, donc elles ont été très difficiles à rentabiliser. Imagine que lorsque nous signions nos baux de fermage, nous avions comme obligation de lever et d'enterrer du grillage dans tous les champs qui devaient être cultivés. Pour résumer, les lapins grouillaient et mangeaient tous ! Tu ne me crois pas ? Tu as pourtant un exemple flagrant dans le film de Jean Renoir, « La règle du jeu », tourné en 1936, où tu peux voir la campagne solognote en hiver, rasée comme le dos de ma main par les lapins ; et l'acteur qui fait partir en marchant un rongeur dans chaque broussaille. Sache aussi que pour limiter un peu ses populations envahissantes, nous faisions ce que l'on appelle des « fermés ». Je t'explique ! Pendant l'hiver, dans la partie centrale de Faverolles, on choisissait une parcelle d'un hectare environ, rectangulaires, bien dégagée. Les gardes avaient pour mission d'installer des piquets tous les vingt mètres. Chaque piquet était muni d'un clou enfoncé, dont une partie relevée dépassait. Tout autour, à l'extérieur, ils plaçaient un grillage couché par terre, dont la moitié était enterrée. À l'intérieur de cette parcelle, on déposait régulièrement des centaines de kilos de betteraves. Bien sûr, la nuit, cette manne était en partie dévorée par les rongeurs. Alors, avant le petit matin, gardes et garçons de ferme s'approchaient ensemble pour relever le grillage et l'accrocher sur le clou du piquet. De cette façon, la plupart des lapins se retrouvaient piégés à l'intérieur. Le lendemain matin, les gardes de la propriété et ceux de nos voisins munis de bâtons, les métayers plus quelques chasseurs avec leurs fusils, faisaient plusieurs allers-retours au pas, tous bien alignés, pour tuer le maximum de lapins. Je vois à ton regard que cette pratique te choque. Mais ce n'était pas de la chasse, mais de la destruction. Imagine, en cinq à six séances, nous tuions ainsi, entre cinq mille et dix mille lapins tous les ans. Et bien, tu sais, l'été suivant, il y en avait toujours autant ! Le lapin nous a pourri la vie pendant des siècles... »

Cette conversation était captivante, pensais-je, après avoir quitté Raymond.

Cet homme, qui nous quitta en novembre de cette année, était la mémoire de la Sologne.

Au fait, avec un de mes lapins solognots, j'ai tenté de refaire la recette de Jacques Barral. Certainement dû à ce que mangeaient les lapins, le résultat était loin d'être aussi bon.

LA CHASSE ET SES BOULEVERSEMENTS DE 1945 À NOS JOURS

1992 - RÉAPPARITION DES LOUPS

La peur du loup semble avoir été l'une des plus vives, en tout cas la plus constante et la mieux fondée, de toutes les terreurs qui désolaient l'ancienne France. La rivalité entre l'homme et le loup se perd dans la nuit des temps. Ce conflit, qui a entraîné sa disparition, fut un des soucis majeurs de nos ancêtres. Pour légitimer cette animosité, l'homme du XXIe siècle doit comprendre que pendant des millénaires, l'Europe a tremblé devant ce prédateur omniprésent, frayeur du monde pastoral et du petit peuple. Quoi qu'en disent les pseudos écologistes, la liste est immense des enfants croqués au coin d'un bois, de ces pauvres vieilles étranglées et dévorées sous leur fagot, des moutons et des chiens enlevés sous les yeux des bergers désemparés.

EN FRANCE, UNE PROTECTION « ARRACHÉE » À LA SAUVETTE...

Avant 1990, il existe des preuves reconnues de la présence du loup dans le Mercantour, ainsi que dans le camp militaire de Canjuers, dans le Var. En novembre 1992, deux gardes du Mercantour observent pour la première fois un couple de loups. Par crainte qu'ils soient chassés et éradiqués, avec l'approbation du tout nouveau ministère de l'Environnement, ils décident de cacher leur découverte. À cette époque, le ministre de l'Environnement est Brice Lalonde, il est entouré d'une toute jeune équipe d'ultra-écologistes et de conseillers « verts ».

Pierre Pfeffer, président à l'époque du conseil scientifique du parc National du Mercantour, le regrette encore :

« Le ministère de l'Environnement a manœuvré de façon extrêmement malhabile. Lorsque ces deux loups ont été aperçus et identifiés, le ministère de l'Environnement m'a tout de suite téléphoné. Ils m'ont dit : « Surtout, n'en parlez à personne. Il ne faut pas que ça se sache. On va dire qu'ils ont été réintroduits, etc. ». C'était évidemment ridicule puisque les loups étaient là. On les avait vus. Au contraire, le fait de vouloir cacher leur présence, de mentir a alimenté des soupçons. Soupçons d'autant plus forts que ce secret a été gardé pas seulement pendant six mois, mais quasiment pendant deux ans. » Alors, pourquoi ce silence ? À cette époque, les loups sont chassables. La France a bien signé la convention de Berne qui les protège en Europe, mais, sans arrêté ministériel, celle-ci ne peut s'appliquer dans notre pays. Commence alors une course contre la montre pour faire passer l'arrêté, si possible, avant que la nouvelle ne devienne publique. Martine Bigan, directrice à l'époque au ministère de l'Écologie raconte :

« On ne voulait pas que ces loups soient chassés et tués, et, effectivement, à l'annonce de cette nouvelle, on a essayé de mettre en place des dispositifs de protection juridique du loup jusqu'ici non protégé. Cela a pris du temps, car le ministère de l'Écologie n'était pas le seul concerné, il a fallu aussi convaincre le ministère de l'Agriculture. Cela s'est fait relativement vite, par rapport aux processus de consultation, toujours très long. »

L'arrêté tant espéré par les écologistes est enfin signé en juillet 1993. En France, le loup devient donc un animal protégé par la Convention de Berne. Grande satisfaction chez les « ultras » du ministère de l'Environnement, mais les éleveurs de moutons, qui subissent depuis plusieurs années des attaques de loups à répétition sans être indemnisés, ont le sentiment d'avoir été abusés. Martine Bigan, cette ancienne fonctionnaire du ministère de l'Environnement pendant quarante ans, devient alors administratrice de FERUS.

LE LOUP A-T-IL ÉTÉ INTRODUIT ARTIFICIELLEMENT EN FRANCE ?

Le statut de protection du loup au terme de la convention de Berne n'est pas le même à partir du moment où il y a réintroduction ou pas. On considère que puisque l'homme est intervenu sur la nature, il peut reprendre à la nature ce qu'il lui a donné. Cela a une traduction juridique. Derrière la question de la réintroduction artificielle du loup se profile celle de sa protection, car si ce fait était avéré, l'animal redevenait chassable, explique Denis Grandjean, l'ex-directeur du Mercantour. En fait, s'il était prouvé que les loups du Mercantour avaient été réintroduits avec l'aval du ministère de l'Environnement, l'arrêté de la Convention de Berne devenait caduc. Pourtant, de multiples témoignages abondent sur la réintroduction artificielle du loup. Témoignages qui déclenchent, en 2003, une commission d'enquête parlementaire, présidée par Christian Estrosi et Jean Lassalle et comprenant de nombreux parlementaires, qui posent directement cette question à plusieurs responsables du ministère de l'Environnement. Après des dizaines de jours d'auditions, la conclusion de cette commission est qu'effectivement, il y a bien eu lieu des lâchers. Mais, avec des nuances :

« En tout état de cause, ces lâchers n'ont sans doute pas fait l'objet d'un complot impliquant le parc national du Mercantour et la direction de la nature et des paysages (DNP) du ministère de l'Environnement. Ces lâchers ont probablement été le fait de particuliers passionnés de la nature, mais particulièrement irresponsables. Il est pour le moins surprenant que le ministère de l'Environnement ait officiellement recensé des lâchers clandestins de loups, opérations par définition illégales, sans s'inquiéter outre mesure des auteurs et des conditions de ces pratiques illicites. Peut-être faut-il y voir un signe de l'anormale proximité entre la toute jeune administration de l'environnement et les milieux associatifs écologistes dont elle est en partie issue. »

L'ASSOCIATION FERUS

Férus est une association de protection des grands prédateurs de France, qui a pour but de protéger et de favoriser le maintien de l'ours, du lynx et de loup en France. Pour faire cela, l'association, composée d'ultra-écologistes, mène des campagnes de sensibilisation, mais surtout des actions juridiques et médiatiques, tout en faussant les éléments négatifs qui risqueraient de nuire aux prédateurs. Opposé aux tirs autorisés des populations de loups qui augmentent chaque année, FERUS a comme unique objectif de voir implanter les loups sur tout le territoire français.

Martine Bigan, aujourd'hui administratrice de FERUS, nous en donne la raison : **« On s'est aperçu que la fourniture d'indices fournis par les bénévoles de FERUS ou d'autres associations servait pour tirer des loups. Étant complètement opposées aux tirs des loups autorisés par le ministère, les associations ont donc décidé de ne plus fournir aucune indication sur la présence des loups. Plus que jamais, nous réitérons notre appel à tous les adhérents de FERUS, sympathisants et naturalistes, soucieux de la conservation du loup : ne transmettez plus aucune de vos données à l'ONCFS et donc au gouvernement. Et surtout, détruisez tous les indices de présence du loup, comme recouvrement des pistes de loup dans la neige, enlèvement des crottes trouvées sur les chemins, etc. »**

La seule et unique question que devraient se poser nos ministres écologistes est : « Mais pourquoi prendre le risque insensé d'imposer le loup dans nos campagnes ? » Pour l'observer ? Invisible le jour, on ne peut que constater, chaque matin, ses tueries de la nuit. Il est pourtant largement prouvé qu'un loup adulte enraciné dans une région y fait automatiquement de grands carnages, et qu'il devient, avec le temps, presque impossible à abattre. Et, beaucoup plus grave, le fait de protéger cet animal va rapidement lui ôter la peur ancestrale de l'homme. Ce qui risque de rendre ce fauve intelligent, opportuniste, audacieux et imprévisible, extrêmement dangereux

Recette de gibier goûteuse et facile

Terrine de colverts ou autres canards sauvages

Facile à réaliser, je peux vous garantir que cette recette aura beaucoup de succès. Les foies de volaille lui donneront un goût incomparable. À déguster sur une tranche de pain de campagne grillée.

Ingrédients

- 2 colverts (ou autres canards)
- 250 de gorge de porc
- 300 g de foies de volaille
- 10 cl de porto
- 5 cl de cognac
- 2 oignons
- 2 échalotes grises
- 1/2 gousse d'ail
- 1 bouquet de persil plat
- 2 jaunes d'œufs
- 8 feuilles de laurier
- 50 g de beurre
- 1 crépine
- sel fin de cuisine
- poivre noir au moulin
- ficelle à cuisine

Préparation

1- Désossez vos colverts. Réservez le foie. Coupez la viande en morceaux et déposez là avec les foies de volaille dans un récipient avec le porto et le cognac.

2- Recouvrez et laissez mariner pendant douze heures dans le bas de votre réfrigérateur.

3- Égouttez ces éléments. Récupérez le jus, et les foies de volaille.

4- Dans une poêle bien chaude, faites fondre le beurre pour bien saisir les foies de volaille et les foies des colverts avec les deux oignons, échalotes et ails coupés en grosses lamelles. Arrosez du porto et du cognac ayant servi à la macération. Laissez cuire pendant deux minutes. Les foies doivent être saisis, mais rouges à l'intérieur.

5- Déposez dans un mixeur la gorge de porcs découpée en lamelle, la viande des colverts, salez et poivrez, ajoutez le persil et les deux jaunes d'œufs puis mixez le tout finement.

6- Rajoutez le contenu de la poêle dans le mixeur, mélangez une seconde fois le tout.

7- Par ailleurs, tapissez votre terrine avec la crépine.

8- Versez le contenu du mixeur dans cette terrine. Fermez avec la crépine, disposez sur le dessus les feuilles de laurier.

9- Faites cuire au bain-marie à 190 °C pendant cinquante minutes, terrine fermée. Ôtez le couvercle de la terrine et laissez cuire encore quinze minutes. Laissez refroidir complètement avant de laisser vieillir deux jours dans le bas de votre réfrigérateur.

ÉCOUTE EN TÊTE !

par Julien Bost-Lamondie

Voici un livre captivant où sont décrits les souvenirs de Julien Bost-Lamondie, dernier maître d'un équipage ne chassant que le loup dans les années 1890-1920, en Poitou, autour de Gençay. Ce qui frappa beaucoup les imaginations à cette époque, c'est que Julien Bost-Lamondie mena ses chasses avec, mêlés à ses chiens de meute, des demi-loups, obtenus par le croisement d'une louve qu'il avait capturée au liteau et d'un chien d'équipage de haute lignée poitevine. Incontournable pour les passionnés de vénerie et de chasse.

Où l'on sonne la compagnie

En ce même mois de décembre 1909, on vient nous prévenir de la présence de loups dans les grands bois de la Millière, situés entre la commune de Romagne et Champagné. Ces bois se trouvent à une distance de seize kilomètres. Nous partons de très bonne heure à cheval avec les chiens derrière nous et nous faisons au pas cet assez long trajet. Nous arrivons enfin à pied d'œuvre...

Au bout d'une heure de quête, nous commencions à être inquiets sur les probabilités d'une attaque. Nous faisons toutes les lisières pour être sûrs de ne pas laisser une rentrée possible de l'animal revenant de maraude, sans rencontrer le moindre indice. Nous étions déçus, l'heure avançait.

Enfin, comme cela était dans la ligne de notre retour, nous décidons de repasser par la Vallée de Bellève, dont nous avions fait le matin que la lisière sud-ouest. Nous pénétrons dans les grands gaulis qui composent la majeure partie de ces bois, et les chiens continuent leur quête avec la même ténacité ; nous avancions assez vite, car les enceintes sont petites et entourées de layons, une voie ne pouvait pas nous échapper.

Nous étions presque arrivés à l'extrémité du bois sans avoir rien trouvé, tous les bons chiens étaient sous nos yeux et s'employaient de leur mieux. Décidément, ça allait mal ! Nous nous regardions les uns les autres avec une expression qui disait toute notre déception. Comme nous allions abandonner ce bois, nous entendons la superbe gorge de « Noctambule », resté très en arrière, sans que nous nous en soyons aperçus, qui se récriait avec un ton qui ne laissait aucun doute sur l'animal attaqué.

« Noctambule » était le frère de « Gençay », aussi bon, mais moins vite et moins brillant, mais rapprocheur unique, avec une gorge encore plus belle et plus profonde. Nous étions stupéfaits, car nous croyions bien avoir fait tout le bois. À ce moment nous nous souvenons avoir omis une petite encoignure touchant une ferme, la négligeant justement parce que placée près de ces bâtiments.

À ces coups de voix répétés de « Noctambule », tous les chiens rallient et c'est une musique enragée, comme jamais nous n'en avions entendu. Alors, à grande allure nous gagnons un chemin qui longe les murs très hauts du parc du château féodal de la Millière, dont il reste quelques vestiges.

Mais en arrivant avec mon camarade Henri Lavergne à un bout de ce chemin quelques minutes avant les chiens : oh ! stupeur ! surprise sans pareille ! nous voyons arriver sur le chemin un énorme loup, qui d'un bond puissant saute le mur de plus de trois mètres de haut, puis un deuxième, un troisième et un quatrième qui tous, sans effort apparent, sautent au même endroit. Je n'en croyais pas mes yeux, j'étais émotionné au possible, je sentais battre mon cœur à sortir de ma poitrine. C'était une vision inoubliable, je n'ai jamais eu l'occasion de voir pareil spectacle. J'ai vécu cet instant en veneur passionné, et quand j'y pense encore, tout mon être tressaille.

Presque aussitôt, à peine à cinquante mètres derrière nous, surviennent tous les chiens, les yeux flamboyant de surexcitation, et criant à pleine gorge. Mais en arrivant au pied du mur, « Gençay » en tête, les chiens essaient de le franchir ; malgré des efforts désespérés, ils n'arrivent pas au sommet. Voyant cela, je les entraîne vers une brèche que le mur écroulé laisse béante ; ils passent et vont de toutes leurs pattes rattraper la voie des animaux fuyant ensemble. En dedans de moi-même, tout en étant enthousiasmé d'avoir pu voir et sonner les animaux en compagnie, sonnerie bien peu employée dans le courre du loup, je me demandais comment les chiens allaient se tirer de ce quatuor fuyant devant eux. Je craignais qu'il ne se fît plusieurs chasses, et alors laquelle suivre ? Ce parc est composé d'une futaie de chênes séculaires, et descend en pente rapide vers la rivière du Clain qui le borde dans toute sa longueur. Mais nous, cavalier, nous fûmes contraints d'aller passer au village de la près de l'arçon de l'étrier, mais nous sentons qu'ils s'enfoncent. Alors, zut pour les bottes, on s'agrippe comme on peut, et les chevaux, avec leur instinct, nagent quelques huit à dix mètres et reprennent pied, et nous abordons sur l'autre rive.

À partir de là, de loin, mais sans perdre un seul coup gueule, nous suivons la chasse qui s'en va droit sans dévier. Vraiment, c'est emballant. On se demande comment les chevaux n'en crèvent pas, car ils n'ont pas un arrêt pour souffler. Nous arrivons aux Coussières, sans avoir pu rejoindre les chiens, mais là, un renseignement nous indique qu'avant de rentrer en forêt, le loup a été tiré par un chasseur sortant de sa ferme

Millière, non pas pour rattraper les chiens, mais les entendre passer la rivière. Les loups, après ce passage à l'eau avait dû se séparer, car un paysan nous dit avoir aperçu un gros loup, un seul, et une vingtaine de chiens l'emmenant pas très loin derrière. En effet, à partir de ce moment-là, le vent nous apporta la voix des chiens et leur direction. Nous avons rattrapé les chiens, et sommes arrivés comme eux au Clain. Mais il y avait eu une petite inondation, le courant était très fort, les chiens qui se mettent à la nage sont entraînés et vont à la dérive aborder la rive opposée une cinquantaine de mètres plus loin. Nous croyions avoir tous les chiens, mais le meunier nous dit qu'un chien de tête était passé peu avant. En effet, nous entendons très loin en avant la voix de « Gençay ». Nous hésitons à essayer de traverser la rivière, car le courant est très fort. On verra bien ! Les pauvres chevaux, très dociles, sentent l'eau leur monter jusqu'au ventre, puis nous sommes obligés de remonter nos jambes qui pense l'avoir touché. Il y a près de quatre heures que nous l'avons attaqué. Nous nous rendons compte qu'après cette course échevelée le loup va ralentir son train, et user des fourrés pour rebuter les chiens. Nous profitons de ce ralentissement pour enfin aborder les chiens et les appuyer par des bien-aller incessants. Cette tactique dure encore une demi-heure, puis le loup part à nouveau, débuche par les îlots de Lallier, traverse le Clain à cet endroit et finalement, à notre grande joie, il est hallali dans un boqueteau dont il ne peut pas sortir. C'est finir dignement une superbe chasse et un débucher enthousiasmant.

Évidemment, je crois bien que le coup de fusil reçu avait aidé à sa prise, mais les cinq heures de chasse constituaient tout de même des éléments pour un hallali.

La retraite est laborieuse, surtout pour les chevaux, qui, déferrés, marchaient comme sur des épines.

LE MONDE ÉTONNANT DES OISEAUX EN AVRIL

> Le retour massif des limicoles sur notre littoral, surnommés « avrillots » en Picardie, comme *barges rousses et à queue noire, pluviers, chevaliers, bécasseaux, courlis, vanneaux* et *bécassines*, qui s'en vont nicher dans les toundras et taïgas de Scandinavie et de Russie.

> L'*huîtrier pie* se reproduit principalement en Bretagne et en Normandie. Les principaux sites de nidification sont les îles Chausey, l'île d'Ouessant, l'archipel de Molène, les baies de Morlaix et de Carantec, et la Camargue.

> Le *faucon pèlerin*, et sa technique de chasse unique, s'est réinstallé comme nicheur sur les falaises du pays de Caux et a repris progressivement ses territoires côtiers.

> Le tambourinage nuptial du *pic noir*, qui ressemble à une rafale de mitrailleuse, comporte 35 à 45 coups de bec sur du bois mort pendant trois secondes, et est audible à plus d'un kilomètre.

> Les *passereaux* séduisent les femelles par leurs vocalises. C'est à celui des rivaux qui émettra le chant le plus mélodieux pour impressionner sa future compagne.

> La *sittelle torchepot*, qui niche dans des trous, réduit son entrée au moyen de boulettes de terre imprégnées de salive pour interdire le passage d'autres espèces, comme l'étourneau. Elle utilise parfois de la résine comme répulsif pour les prédateurs.

> Le nid du *chardonneret* est un des ouvrages les plus élaborés dans le monde des *passereaux*. C'est la période où le mâle émet éperdument son gazouillis nuptial peu sonore, mais mélodieux et varié.

Parade nuptiale de barges à queue noire

LA MIGRATION EN AVRIL

Le temps est venu pour les migrateurs de rejoindre leur site de nidification. Certains sont essentiellement des voyageurs nocturnes, alors que d'autres sont strictement diurnes. Les facultés des oiseaux pour s'orienter restent stupéfiantes. On sait qu'ils sont sensibles aux champs magnétiques et qu'ils possèdent une acuité visuelle supérieure, ce qui leur permet de pratiquer le pilotage à vue, se fiant à leur capacité pour localiser ou mémoriser des repères topographiques. Qui plus est, leurs yeux sont sensibles aux ultraviolets et à la lumière polarisée. Une fois en route, il ne leur faut pas dévier de cap pour rallier les zones connues de repos et de ravitaillement. Le plus surprenant est que ces sens mystérieux sont innés pour ceux qui voyagent solitaires.

LES VENTS

Les meilleurs vents sont ceux de sud-est et d'est. Par temps doux, lorsqu'il y a absence totale de vent et du brouillard, les oiseaux s'immobilisent sur place.

À OBSERVER

La parade nuptiale du mâle martin-pêcheur, et son offrande d'un poisson à la femelle qu'il accompagne d'une courbette.

Martin-pêcheur

La forêt ? Rien qu'à ce mot, tout mon être tressaille ! Je ne suis ni artiste ni poète, et cependant il n'est pas d'amant sincère de la nature qui puisse être plus ému que moi lorsqu'il pénètre dans ces vastes solitudes.

Paul Reveilhac

ÉMOTIONS DE CHASSE *par Paul Vimereux*

CHUTT LE HUTTEUX

« J'aime pas espionner… j'ai dû me mettre à l'affût du Crignu de la nuit… au fond, j'étais pas mécontent, car je voulais savoir aussi. Je le cherche à la Houvière : personne. Alors je vais du côté de ma tourbière, la mare Gautrut, toute gelée comme vous savez. Je trouve, un matin, des traces de chien sur la poudre de la glace, et qu'est-ce que je déniche dans les roseaux ? Un muid, un grand muid à cidre enfoncé dans l'eau qui n'est pas encore gelée à cet endroit… ça faisait un hutteau, vous comprenez, et d'une belle mire ; la nuit d'après, je m'aposte, je me muche derrière un rayon, ayant froid, pas rassuré ; je me disais : si Gambette me déniche ! Croira-t-il que je viens tirer des tourbes sous la glace ? Enfin, je m'ahurissais dans le vent à regarder le tourniquet du phare, le temps passait… je voyais bien devant moi, il y avait une demi-mamelle de lune, je voyais bien que je ne voyais rien. Tout à coup, une volée d'oiseaux accourt du hâble, les voilà sur la glace, je crois qu'un éclair sort des quenouilles avec la furolle du phare… mais, sang de maillard ! Qu'est-ce que j'aperçois ? Les roseaux bougent un peu, le droit Chutt paraît, son bras balance et fait tourner une fronde, la pierre s'échappe, vionne… un ! deux ! Un autre caillou ! La bande reprend de l'air… l'Autre s'avance avec son chien et relève sur la glace deux oiseaux, ces deux ripoupées tués de deux coups de dendef, sans plus de bruit qu'une chiquenaude… il donne un air de ramon à la glace, il caresse son appelant, son maillard rouge et tout en sifflant et dandinant de la fronde, il rentre dans son muid… je ne vois plus que les roseaux ».

MAI
2022

MAI

LUNDI	MARDI	MERCREDI	JEUDI	VENDREDI
sem. 17 MARC 25	ALIDA 26	ZITA 27	VALÉRIE 28	CATH. DE SIENNE 29
sem. 18 BORIS 2	PHIL. JACQUES 3	SYLVAIN 4	JUDITH 5	PRUDENCE 6
sem. 19 ◐ PACÔME 9	SOLANGE 10	ESTELLE 11	ACHILLE 12	ROLANDE 13
sem. 20 ○ HONORÉ 16	PASCAL 17	ÉRIC 18	YVES 19	BERNARDIN 20
sem. 21 DIDIER 23	DONATIEN 24	SOPHIE 25	ASCENSION 26	AUGUSTIN 27
sem. 22 ● FERDINAND 30	VISITATION 31			

SAMEDI	DIMANCHE
ROBERT 30	FÊTE DU TRAVAIL 1
GISÈLE 7	VICTOIRE 1945 8
MATHIAS 14	DENISE 15
CONSTANTIN 21	ÉMILE 22
GERMAIN 28	FÊTE DES MÈRES 29

Du côté des livres

SUBLIMES BÉCASSES

Gérard Woog – 1999

« Les recherches d'un oiseau furtif, impliquent beaucoup d'attention, de doigté, et de savoir conduire son chien. Les chiens à quête courte seront très appréciés, car nous pouvons momentanément leur enlever leur campane, pour être encore plus discrets. Si malgré ces subterfuges, la bécasse insiste sur ses départs anticipés, alors il vaut mieux abandonner les recherches et passer à une autre, quitte à la reprendre plusieurs heures après. Très souvent, le laps de temps accordé entre deux quêtes est bénéfique au chasseur. L'oiseau, de nouveau en confiance par la quiétude des lieux, se laissera plus volontiers arrêter, après plusieurs heures d'accalmie. »

UNE HISTOIRE

La journée infernale de Florence

En 1973, mon ami Maurice Mouchet, cultivateur à Vatan, propose que nous devenions tous deux les locataires de la chasse de Vœurs, territoire situé en Sologne entre Selles-Saint-Denis et Villeherviers, qui vient de se libérer. Il faut dire que cette propriété est exceptionnelle de par sa densité naturelle en petit gibier, en chevreuils et en sangliers.

Son frère Bernard et son épouse ont le fermage depuis plusieurs années, et ils occupent la ferme de la Gouardière. Maurice ne me cache pas que ces deux-là sont un peu en galère, et qu'il envisage de les aider en leur prêtant son matériel agricole et en installant des moutons acceptant ces terres acides si particulières. Nous signons le bail en avril. Immédiatement, Maurice met en place moutons et grillages, et dans la foulée il commence à refaire les allées et les fossés. Les Mouchet et mes partenaires de chasse sont tous ravis. Le 15 août, en pleine compétition de tir aux pigeons à San-Sébastian, j'apprends avec une énorme tristesse le décès de Maurice, causé par une crise cardiaque, en rendant visite à son frère.

Je deviens donc le seul président et le responsable d'un budget conséquent.

La vie continue… Au cours de la première saison, avec mes six copains, nous prenons nos habitudes à Vœurs. Nous chassons le gros gibier le samedi, et le petit aux chiens d'arrêt le dimanche, ce que nous autorisent sans problèmes les trois cent soixante hectares de ce territoire. Chaque samedi soir, dans le rendez-vous que nous avons aménagé, nous dînons en petit comité devant l'incontournable feu de cheminée. Ce soir-là, l'ambiance est détendue et chaleureuse. J'ai autour de moi des amis très proches, quelques-uns accompagnés de leurs épouses respectives et de nos enfants. Enfin, presque tous, puisque Michel, qui mène une double vie compliquée, est venu avec Florence, une amie très proche qu'il fréquente depuis deux ans. Nous l'aimons bien, Florence. C'est une fille directe et drôle, qui ne fait pas de « chichi », toujours de bonne humeur et complètement passionnée par la chasse. Florence a eu sa part d'émotion au cours de cette journée. Elle a blessé d'une mauvaise balle un très gros sanglier qui s'est immédiatement calé dans les épines. En quelques secondes, le suidé s'est retrouvé entouré d'une meute de chiens déchaînés et hurlants. De peur que l'un d'eux se fasse blesser ou pire, sans l'ombre d'une hésitation, Florence s'est précipitée dans les ronces et elle a réussi à placer une bonne balle dans l'oreille du ragot qui s'est figé, raide mort. Notre Diane n'était pas complètement remise de ses émotions lorsque nous l'avons rejoint.

Vers les vingt-trois heures, après dîner, Michel et Florence, exténués, nous saluent pour aller se coucher. Nous restons à quatre pour taper le carton dans un bridge de haute volée, une autre de nos passions.

À minuit passé, les phares d'une voiture éclairent la cour. Un véhicule s'immobilise, quelqu'un frappe à la porte. Et là, c'est la très, très mauvaise surprise lorsque Catherine, l'épouse légitime de Michel, se présente devant nous, un grand sourire aux lèvres.

– Je suis venu faire une surprise à mon mari, nous dit-elle. Tiens ! Michel n'est pas avec vous ?

Nous avons tous vécu des situations compliquées dans la vie, mais celle-là est particulièrement « gratinée », croyez-moi.

– Non, il chasse à la hutte ! Je lui réponds sans l'ombre d'une hésitation tout en me levant pour aller l'embrasser. Je pense qu'il va être très content de te voir.

Dans le même temps, Gérard nous quitte pour, soi-disant, aller soulager une envie pressante. En fait, notre copain se précipite dans le bâtiment où se trouve la chambre de Michel. Là, il frappe violemment à sa porte, puis il rentre sans façon, pour signifier la bonne nouvelle aux deux tourtereaux qui dorment d'un sommeil de plomb.

« Tu es censé chasser à la hutte », annonce-t-il à Michel. « Vite, habille-toi, sors par la fenêtre et cours-y ! Toi, Florence, va dans la chambre d'Alain. Allez, ne perds pas de temps à t'habiller, dépêche-toi, ça urge ! »
Moi, pendant ce temps, je retiens Catherine en lui parlant, sujet inépuisable, de l'auberge que tient sa mère à Combreux. Pendant une fraction de seconde, à travers la fenêtre qui se trouve derrière Catherine, j'ai la vision de Florence complètement dévêtue, les bras chargés de bottes, fusils, vêtements, qui traverse la cour en courant pour se rendre dans ma chambre. Mon visage ne marque aucune stupeur, mais je ne suis pas loin d'exploser de rire.
Pour gagner un peu de temps, je propose à Catherine de prendre un café, avant d'aller chercher son mari, proposition qu'elle accepte à mon grand soulagement.
Il faut que je vous explique qu'effectivement, nous avons fait installer une hutte en plein milieu de notre grande plaine.

Ce mode de chasse n'est absolument pas pratiqué en Sologne. Nous y faisons quelques passées du soir, en nous obligeant à arrêter deux heures après le coucher du soleil, ce qui est parfaitement légal. Nous sommes assis pour bavarder lorsque nous entendons un coup de fusil au loin, signal qui avait été convenu avec Michel. L'heure légale est dépassée depuis longtemps, mais la situation est exceptionnelle. « C'est Michel ! », j'annonce à ma visiteuse, bien soulagé de le savoir arrivé. « Allez, nous allons le chercher ! Je t'emmène en voiture ».
Michel a parfaitement joué son rôle du mari surpris par l'arrivée inattendue de son épouse. Mais, à bien l'observer, le passage à nuit noire sans lampe électrique dans la plaine en partie inondée a été laborieux, car mon ami est trempé, vaseux même, de la tête aux pieds. Il me fait même pitié. Pour expliquer son état, il invoque la recherche d'une sarcelle désailée, recherche qui l'aurait fait trébucher dans la mare. Une fois revenu à notre rendez-vous, je décide de laisser Michel s'expliquer avec Catherine, et d'aller me coucher. Ce qui est loin d'être évident, car Florence, qui a quand même pris le temps de se rhabiller est complètement retournée et se ronge les ongles dans ma chambre en se demandant comment tout cela va finir.
C'est ce soir-là que j'ai compris à quel point Michel était quelqu'un de convaincant et de persuasif. Maddy, mon épouse, Florence et moi sommes tous les trois en train d'attendre tout en discutant, lorsque nous entendons un moteur de voiture qui démarre, puis qui s'éloigne.
Une minute plus tard, c'est un Michel soulagé qui vient frapper à notre porte : « J'ai enfin réussi, non sans mal, à convaincre Catherine de rentrer à Combreux. Je lui ai dit que j'étais invité à chasser en Brenne, et qu'il fallait impérativement que je parte vers les cinq heures du matin pour être à l'heure à mon rendez-vous. Et qu'il ne servait à rien qu'elle reste à dormir ici, qu'elle serait bien à l'Auberge pour faire la grasse matinée. »
Florence se lève soulagée. Notre amie pousse un énorme soupir de soulagement, puis tout en s'étirant, elle déclare à la ronde : « Je vais vous faire une confidence. Je viens de passer une journée d'enfer. »
Comment ne pas la croire ?

2000 - LA FRAGMENTATION ÉCOLOGISTE

La fragmentation désigne un processus par lequel un objet ou un espace est divisé en un grand nombre de petits morceaux. La fragmentation écologique englobe tous les phénomènes artificiels de morcellement de l'espace, morcellement qui empêche la majorité des espèces d'animaux terrestres, comme cervidés, suidés, renards, blaireaux, de se déplacer comme elles le désirent. Ce sont principalement les activités humaines comme l'urbanisation et l'agriculture qui entraînent une perte d'habitat importante, mais aussi une dégradation à cause de la pollution qu'elles engendrent ou encore la construction d'infrastructures qui induit une fragmentation des habitats. Mais à cela, il faut rajouter l'explosion des banlieues, les aménagements touristiques et industriels, la pêche, l'aquaculture, la sylviculture, les extractions de matériaux...

Les barrières matérielles que sont les autoroutes, les routes, les canaux et rivières aux berges bétonnées, les voies ferrées comme le TGV, et l'engrillagement des propriétés sont des barrages qui sont difficiles, voire impossibles, aux animaux à franchir. La fragmentation s'oppose aux besoins vitaux qu'a la faune de pouvoir se déplacer librement dans le paysage pour se nourrir, se reproduire, et s'abriter. Elle contribue à altérer la qualité des habitats et à l'isolement des populations.

Cette fragmentation est l'une des premières causes de la régression de la biodiversité en Europe. Tous les pays riches en infrastructures routières, ferroviaires, et en canaux, sont concernés. Les routes sont les facteurs les plus visibles de la fragmentation écologique. Même sans trafic, de nombreuses espèces refusent de les traverser. L'Observatoire de la biodiversité estime qu'en l'an 2000, cinq à quinze pour cent des espèces ont déjà disparu, que trente à cinquante pour cent sont en régression, et que « la disparition et la fragmentation des espaces naturels en sont la première cause ».

Les individus, les populations et les espèces sont différemment affectés par la fragmentation de leur habitat. Ils y sont plus ou moins vulnérables selon leurs capacités adaptatives, leur degré de spécialisation ou leur dépendance à certaines structures écopaysagères. La fragmentation de l'habitat peut avoir des conséquences importantes sur la structure génétique d'une population parce que la distance géographique et les barrières physiques peuvent entraver le flux génétique. Les populations cernées par des routes accueillent moins d'animaux migrants que les autres populations, ce qui réduit le flux de gènes et accroît le danger de la consanguinité. Les petites populations ont une probabilité plus grande de s'éteindre, et les surfaces isolées se repeuplent rarement après l'extinction. Les espèces isolées sont ainsi dotées d'une plus faible variabilité génétique, et peuvent donc avoir un potentiel évolutif limité en cas de

conditions environnementales changeantes et hétérogènes. Ceci peut conduire à une augmentation du risque d'extinction locale des espèces concernées.
Elle peut également conduire à la modification des relations de concurrence entre les espèces, de prédation de parasitisme ou de mutualisme. Ainsi une prédation ou une concurrence accrue d'une espèce avec une autre espèce peut conduire à la raréfaction ou à la disparition de cette dernière. Ce type de comportement a été relevé de nombreuses fois chez les oiseaux. L'augmentation de la pression de prédation et de concurrence interspécifique peut être particulièrement inquiétante lorsque des espèces introduites sont impliquées. De plus, la réduction de la taille des populations peut également conduire à une baisse de la diversité génétique à cause de l'effet fondateur, mais aussi en raison de la dérive génétique.
Éoliennes et lignes à haute tension sont des facteurs de fragmentation qui ont un effet très négatif sur les oiseaux, les chauves-souris et les papillons migrateurs, notamment si elles sont éclairées la nuit ou disposées sur un corridor de migration. Birdlife International a fait un certain nombre de recommandations au Conseil de l'Europe pour éviter l'implantation d'éoliennes dans les réserves naturelles, les routes migratrices importantes, les cols montagneux, les bords de mer…

DIVERSITÉ GÉNÉTIQUE

L'analyse génétique de dix-huit cerfs faisant partie d'une population de cinquante cerfs isolée depuis trente à quarante ans par des routes en Allemagne du Nord a montré une perte de diversité génétique de 7 % environ à chaque génération. C'est sept fois plus que chez la population voisine dont elle est originaire. Ceci rend ces cervidés d'autant plus vulnérables qu'ils ne peuvent échapper à leurs parasites et que leurs grands prédateurs ont disparu, prédateurs remplacés judicieusement en France par la chasse à courre.

LE CAS SIGNIFICATIF DE L'ENGRILLAGEMENT EN SOLOGNE

Depuis une trentaine d'années, la multiplication

des enclos révolte chasseurs, promeneurs, et amoureux de la nature. La raison principale de ces édifications est qu'un enclos autorise de chasser le grand gibier toute l'année, sans que son propriétaire soit tenu de respecter les plans de chasse et de gestion prescrits par sa fédération départementale. Dans cette prestigieuse terre de chasse qu'est la Sologne, ce phénomène est si marquant, qu'on parle de « Solognisation ». Cinq mille kilomètres de grillages, faisant souvent plus de deux mètres de hauteur, sont édifiés pour la pratique de la chasse et la soi-disant protection des propriétés. Cet engrillagement est une pollution visuelle qui engendre un bouleversement pour les animaux, des accidents routiers, et la captation du gibier. Cet engrillagement perturbe gravement la vie des cervidés et des suidés. Il est vital pour le grand gibier d'avoir droit à un libre parcours dans ses déplacements. La notion de libre parcours implique que les animaux doivent avoir la faculté de se déplacer en tout temps, sans contrainte, pour pouvoir rejoindre directement les lieux où ils peuvent s'alimenter, s'abriter, et se reproduire. Un grillage est un obstacle à la libre circulation non évaluable pour un animal qui n'a pas l'intelligence utile pour le contourner. Pour la grande majorité des chasseurs, traquer des animaux prisonniers dans un enclos est une caricature qui insulte la déontologie de la chasse et nuit gravement à son image. La chasse, c'est une rencontre entre un animal libre, sauvage, et un prédateur humain qui respecte certaines règles que l'on appelle éthique. Et puis, sans jouer à se faire peur, qui dit concentration d'animaux, grands ou petits, dit également risque accru d'épidémies.

PASSION DU CHIEN

LE SPINONE, CE GRIFFON D'ARRÊT ITALIEN

Initialement, l'ancien spinone, comme tous les autres griffons d'arrêt, est né de la cohabitation de braques et de barbets. Les Italiens n'ont pas eu leur Edward Korthals, mais beaucoup d'éleveurs anonymes se sont attachés à fixer leur griffon d'arrêt national, appliquant des méthodes qui ont dû être semblables aux siennes. Au début du XIXe siècle, les Spinoni se différenciaient par la couleur de leur robe. Dans le Piémont, les griffons portaient un pelage qui allait du blanc au brun ou à l'orange. En Lombardie, le poil tirait vers le marron, le blanc, parfois l'orange. Et en Toscane, le pelage était plutôt gris.

> « Le griffon spinone est un poète, une sorte d'artiste de rue. On lit dans son regard une certaine profondeur, mais aussi de la mélancolie. Il exprime ses états d'âme à travers ses yeux que comprend parfaitement son maître. »
>
> Massimo Scheggi

Son histoire

Au lendemain de la guerre de 14-18, comme dans presque toutes les races de chiens, les effectifs du griffon Korthals avaient subi une baisse drastique. Pour faire remonter sa population, le comité français invita alors ses membres à réfléchir à une fusion avec les Spinoni. Cette question fut largement débattue, mais, après réflexion, le Club français déclarait « indésirable » une alliance entre les deux races, argumentant que certaines particularités des Spinoni comme la couleur, la taille, les ergots et le caractère, ne pouvaient que bouleverser la fixité du griffon Korthals, sans lui apporter aucun avantage. Il est vrai qu'en 1920, le griffon Korthals se différenciait du physique du spinone. Plus grand que lui, les particularités du spinone étaient multiples comme celles de posséder des muqueuses rosées, un œil jaune, ocre ou encore vairon, des oreilles tombantes attachées assez bas, des ergots, même des ergots doubles, une couleur blanche, orange ou bien gris acier. En tenant compte aussi du fait que sous l'effet de mode, une petite population de Spinoni avait reçu des infusions massives de sang pointer. De là, la race s'était scindée en deux variétés ; l'une allégée et presque transformée en demi-sang anglais, l'autre représentant l'ancien type un peu lourd du griffon. Par contre, dans le but d'améliorer la fixité de leurs chiens, les membres du Club français permirent aux Italiens de faire saillir des lices Spinoni par des griffons Korthals.
Une ébauche de standard du spinone a été écrite en 1887. Le standard définitif, officiellement reconnu par l'« Ente Nazionale italienne cinofilia » (ENCI) et déposé à la FCI, a été établi en 1944.

Les raisons de maintenir

De la fin du XIXe siècle jusqu'à nos jours, comme dans beaucoup d'autres pays, certains chasseurs italiens se laissèrent séduire par ces nouveaux chiens anglais galopeurs et buveurs de vent à la mode, comme setters et pointer. Au fil des ans, les vieilles races comme le spinone furent peu à peu délaissées, presque abandonnées et oubliées. Grâce à une poignée d'éleveurs passionnés et obsti-

Spinone robe marron

nés, quelques griffons spinone subsistèrent. Après la Seconde Guerre mondiale, il ne restait plus que quelques rares individus disséminés ici et là. Là, les éleveurs italiens furent bien inspirés. Pour « sauver » leur spinone, ils n'essayèrent pas de l'enfermer dans un standard drastique. Laissant de côté toutes les questions de couleur, de pelage, et de taille, seules étaient prises en compte les aptitudes de chasse des griffons. Une fois la race revenue à niveau, le club imposa le standard. À ce jour, la population de spinone est en forte expansion, et le club fonctionne parfaitement bien.

Griffons et barbets

Griffons spinone et griffons Korthals ont toujours été considérés comme étant les souches les plus anciennes des griffons d'arrêt à poil dur. Ces deux races ont une histoire commune qui se confond dans la nuit des temps. Chiens de chasse pratiques, à l'origine les griffons d'arrêt se divisaient en familles se différenciant les unes des autres par la nature de leur poil, de leur morphologie, de leur caractère, de leur allure et de leurs aptitudes. Leur particularité, c'est que tous portaient barbe et moustaches. Certaines se sont éteintes, comme les barbets à poils épais, qui avaient les pieds palmés. D'autres, fabriquées, comme le Guerlain ou le célèbre Boulet qui possédait un poil long et laineux, ont également disparu. Ceux qui ont émergé ont le poil rude, moins long, et comprennent plusieurs races, les unes naturelles, comme le spinone et le griffon Korthals, d'autres, artificielles comme le Drahthaars ainsi que tous ces griffons métissés des pays de l'Est comme le Barbu Tchèque.

Son physique

Le spinone possède une charpente rustique et vigoureuse, une ossature solide, des muscles bien développés et du sous-poil sous le poil dur. Son pelage va du blanc pur, au blanc orange, au blanc brun, au marron et au gris. La hauteur au garrot, chez les mâles, va de 60 à 70 cm pour un poids de 34 à 39 kilos. De profil, le spinone rentre presque dans un carré. La longueur de la tête est égale à 4/10 de la hauteur au garrot. Sa largeur, mesurée au niveau des arcades zygomatiques, est inférieure à la moitié de sa longueur totale. Sociable, docile et patient, le spinone possède une morphologie parfaitement adaptée pour chasser sur les terrains difficiles. C'est un chien rustique endurant, au trot allongé et rapide, résistant bien à la fatigue, qui se plaît à rechercher le gibier dans les endroits inexpugnables comme ronces et épines noires. Excellent nageur, le spinone ne craint ni le froid ni le chaud.

Griffon

À l'origine, il existait deux familles de spinone : le Cane di pelo duro (poil dur) et le Cane griffone (poil long), ce dernier étant vraisemblablement le produit d'un croisement entre le vieux Spinone italiano (poil dur) et le griffon français à poil long introduit en Italie.

Un chien d'arrêt particulièrement efficace

Comme le griffon Korthals, le spinone possède des qualités naturelles pour rechercher et arrêter les oiseaux difficiles et légers comme la bécassine et la bécasse. Ce griffon possède un odorat long et puissant qui lui permet de chasser en émanation directe. Mais, face à un oiseau qui se défile, le spinone n'hésitera pas à ralentir, baisser la tête et le pister sur de longues distances. Comme tous les griffons, la « sale besogne », tous les terrains difficiles ne lui font pas peur. Certaines lignées possèdent un fort atavisme pour chasser les oiseaux piétards. Une des particularités appréciables du spinone est qu'il s'éduque rapidement et très facilement. Son allure naturelle est le trot allongé, toléré avec quelques temps brefs de galop dans les retours, sur terrains déjà explorés ou dans un cas d'extrême excitation. Le spinone patronne naturellement, et c'est un fabuleux retriever, à terre comme à l'eau. Toutes ces particularités séduisent de plus en plus de chasseurs italiens, un peu déçus de ces Trialer avides de vitesse et parfois si difficiles à éduquer.

LE MONDE ÉTONNANT DES OISEAUX EN MAI

> La parade amoureuse est spectaculaire chez les *rapaces* : le mâle et la femelle volent près l'un de l'autre, s'agrippent par leurs serres, puis tournent en volant alternativement sur le dos.

> Le taux de mortalité est très élevé chez les *martins-pêcheurs,* qui dépassent rarement l'âge de cinq ans. Il est fréquent qu'une classe d'âge disparaisse à 80 % avant d'avoir atteint sa première année. La fécondité du *martin-pêcheur* est bien sa seule arme contre l'adversité. Un couple produit en moyenne de six à neuf jeunes, qui pourront se reproduire, heureusement, dès l'âge de neuf mois. Voici pourquoi il fait deux à trois couvées, exceptionnellement quatre.

Parade nuptiale de rapaces

> L'*outarde canepetière* mâle, pendant sa parade nuptiale, déploie ses ailes, relève sa queue et rejette sa tête en arrière, tout en bondissant sur place en battant des ailes.

> Avant l'accouplement, les *avocettes* font mine de procéder à leur toilette. Puis le mâle se pose derrière la femelle qui l'attend, tête penchée en avant, pattes écartées ; lui bouge son bec de gauche à droite avant de se décider à féconder sa partenaire. Après quoi, tous deux s'envolent unis, becs entrecroisés.

> Très fidèles à leur site de nidification, les *hérons cendrés* commencent à rejoindre leur héronnière. Dans le Kent en Angleterre, une héronnière occupée en 1994 était déjà connue en 1293 !

LA MIGRATION EN MAI

Située dans le département de l'Aude, sur le littoral audois, Leucate reste aujourd'hui l'un des sites de migration les plus importants de France. C'est entre le 15 avril et le 15 mai que la plus grande diversité du passage se produit, la première décade de mai étant la période où le maximum d'espèces de *rapaces* est observé. La mise en place du suivi de migration printanier à Leucate a été motivée par le braconnage qui s'exerçait alors sur la *bondrée apivore*. Ce *rapace* migrateur, qui hiverne en Afrique équatoriale, se nourrit exclusivement d'hyménoptères (abeilles, bourdons, guêpes). Au début du mois de mai, on tirait localement ce *rapace* pour s'en nourrir et confectionner la spécialité locale appelée « soupe aux buses », tradition issue d'une époque où les ressources alimentaires étaient réduites. La manne que représentait le passage de milliers de *bondrées* était exploitée. Un suivi quantitatif du flux migratoire de cet oiseau, une campagne de sensibilisation et surtout une volonté de faire cesser cette activité illégale, a eu pour heureuse conséquence l'arrêt du tir à la *bondrée apivore* en 1983, suite à l'action menée par les gardes de l'ONCFS.

LES VENTS

Ce sont les vents de nord-est, est et sud-est, légers à forts, qui sont largement les plus favorables.

À OBSERVER

Le *coucou-geai,* ce migrateur que l'on observe dans le midi, possède les mêmes mœurs parasitaires que le coucou gris. Il parasite principalement les corvidés, mais ses poussins ne rejettent pas les autres occupants du nid. Au moment de la ponte, la femelle pique les autres œufs, ce qui a pour effet de stopper le développement de l'embryon.

Coucou-geai

J'ai vu beaucoup de contrées extraordinaires : montagnes, plaines, prairies, forêts, vallées, marais et désert d'Amérique du Nord, mais j'ai surtout passé du temps, tout au long de mon périple, avec d'excellents, de merveilleux, d'étranges et parfois insupportables compagnons de chasse.

Jim Fergus

ÉMOTIONS DE CHASSE *par Comte Émile de la Besge*

UN RAPPROCHER MÉMORABLE

Nous sommes tous réunis dans un carrefour au centre du bois, sur le bord d'une grande route. Il fait très chaud. Les chemins sont bien poussiéreux, le manque d'humidité se fait cruellement sentir. Les nombreux spectateurs ont tous mis pied à terre. Les femmes assises dans l'herbe sur des couvertures font tourner leurs ombrelles tout en conversant. Le carrefour ressemble plus à une foire de kermesse qu'à un rendez-vous de chasse. Voici M. Guichard qui revient de faire le tour du bois avec Clairon sans avoir rien trouvé. Il se dirige vers nous tout en zigzaguant au milieu des spectateurs, Clairon le précédant de quelques pas. Tout à coup, au milieu de tous, dont plusieurs ont attaché leurs chevaux, le chien court à une branche qui s'avance un peu sur la route et sur laquelle probablement le loup avait levé la patte. Il la flaire longuement… et il se récrie. Le silence est immédiat. Tout le monde s'est arrêté, comme figé. Clairon s'avance de quelques pas, et il se récrie à nouveau. Le chemin est encombré de carrioles et de chevaux. On est obligé de les écarter pour laisser le passage à Clairon qui rapproche maintenant régulièrement. Il longe le chemin sur un long trajet, puis il rentre au fourré. Son camarade et lui rapprochent maintenant à pleine gorge et bientôt l'animal est mis sur pied. Les chiens du duc sont mis sur la voie et cette fois-ci, ils partent assez franchement. Le loup fait une ou deux randonnées sous-bois, puis il débuche sur les bords où il est mené à fond. Malheureusement, il fait une chaleur et une sécheresse affreuse et les chiens perdent sa trace.

JUIN
2022

JUIN

	LUNDI	MARDI	MERCREDI	JEUDI	VENDREDI
sem. 22	FERDINAND 30	VISITATION 31	JUSTIN 1	BLANDINE 2	KÉVIN 3
sem. 23	LUNDI DE PENTECÔTE 6	◐ GILBERT 7	MÉDARD 8	DIANE 9	LANDRY 10
sem. 24	ANTOINE DE P. 13	○ ÉLISÉE 14	GERMAINE 15	J.-F. RÉGIS 16	HERVÉ 17
sem. 25	SILVÈRE 20	◑ ÉTÉ 21	ALBAN 22	AUDREY 23	JEAN-BAPTISTE 24
sem. 26	FERNAND 27	IRÉNÉE 28	● PIERRE-PAUL 29	MARTIAL 30	THIERRY 1

....

....

....

....

....

....

SAMEDI	DIMANCHE
CLOTHILDE 4	PENTECÔTE 5
BARNABÉ 11	GUY 12
LÉONCE 18	FÊTE DES PÈRES 19
PROSPER 25	ANTHELME 26
MARTINIEN 2	THOMAS 3

Du côté des livres

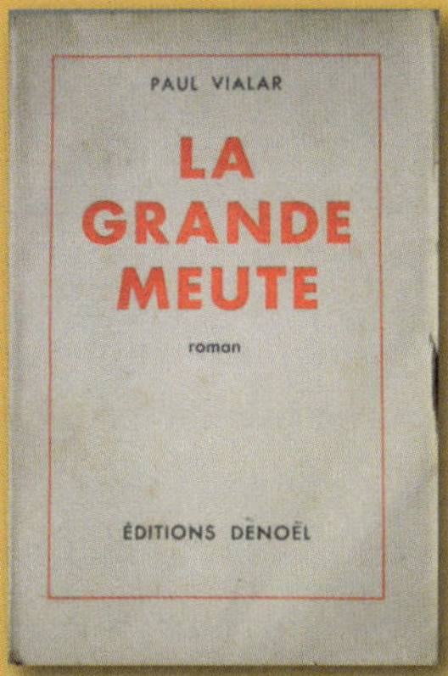

LA GRANDE MEUTE

Paul Vialar - 1943

Président de la Société des gens de lettres, du syndicat de la Société des auteurs et compositeurs, de la Société des écrivains sportifs, Grand-Croix de la guerre 1914-1918, commandeur de la Légion d'honneur, Paul Vialar (1898 – 1996) a été un amoureux inconditionnel de la chasse, de la vénerie et de la Sologne. Il partageait cette passion en compagnie de son ami Maurice Genevoix, qu'il accompagnait souvent à la chasse. En février 1943 paraît La Grande Meute, un superbe roman sur la chasse à courre qui vaudra la célébrité à son auteur.

La passion exclusive du comte Côme de Lambrefault pour sa meute et la vénerie, va le conduire à sacrifier sa fortune, ses amours et sa vie. Paul Vialar utilisa l'anagramme de l'équipage de Folembray qui découplait dans l'entre-deux-guerres en forêt de Saint-Gobain dans l'Aisne. Ce texte, servi par la belle langue classique de Paul Vialar (Prix Femina en 1939, Président de la Société des gens de lettres), et qui a fait vibrer des générations de veneurs, reste un monument de la littérature cynégétique.

UNE HISTOIRE

Mes canards de Sologne

En février 2003, j'aménage dans une maison située dans le centre de Marcilly-en-Gault comprenant un terrain de trois mille mètres clos de murs. Situé en face de l'église, celui-ci a la particularité d'avoir un grand bassin aménagé, d'une superficie de trois cents mètres carrés. L'eau, qui circule en circuit fermé, s'écoule en haut d'une cascade de quatre mètres de haut sur quatre niveaux.

Ravi de mon acquisition, je me dépêche d'acheter une paire de sarcelles du chili, et une autre de dendrocygnes peu craintifs, qui prennent très vite l'habitude de rentrer dans ma maison lorsqu'ils ont faim, sous les regards indifférents de mes trois chiens.

Depuis mon premier permis, j'ai fait un très grand nombre de passées sur les étangs de Sologne. Pour être efficace, il est impératif de savoir bien tirer entre chien et loup, et surtout, pour éviter de perdre les oiseaux blessés ou désailés qui tombent souvent dans des roselières inexpugnables, avoir comme compagnon un chien aimant nager et qui a la passion du rapport. Je viens également de louer un étang de trois hectares du côté de Saint-Viâtre qui s'avérera, dès la première passée, être le « top » de tout ce que j'ai pu voir, par la quantité et la diversité des canards qui viennent s'y poser chaque soir. Nous faisons l'ouverture le dernier samedi d'août avec mon fils et deux copains. Arrivées deux heures avant la tombée de la nuit, nous assistons au spectacle ahurissant de becs plats en surnombre qui arrivent par bandes, les unes derrière les autres, presque indifférents aux nombreuses détonations. Encore plus surprenant, une bonne partie de ces anatidés est de la sauvagine, le colvert représentant moins des deux tiers de nos tableaux. Contrairement à ce que vous seriez en droit d'imaginer, je n'agraine pour ainsi dire pas. La semaine précédant cette ouverture, je me contente de mettre chaque soir un seau d'avoine sur les bords. En vérité, cet étang est unique !

À ma grande satisfaction, au fil des semaines, ce plan d'eau reste exceptionnel par la quantité d'oiseaux vus. En septembre, j'invite Antoine Berton, rédacteur en chef de la RNC à cette époque, à venir faire une passée. Plus tard, enthousiaste, Antoine se plaira à raconter dans la préface de mon livre, *Histoires de grosses bêtes et petit gibier*, tous ces canards que nous avons « vendangés » dans le ciel. À nuit noire, après chaque passée, Jacka, mon épagneul breton, qui est un vrai râteau à la dent douce, recherche méticuleusement et me rapporte la plupart les oiseaux qui ont été tués ou blessés. Lorsqu'un colvert me semble être juste éjointé et en bonne forme, cane ou malard, j'ai la bonne idée de le ramener chez moi, puis de le relâcher près du bassin. Il ne faut que quelques jours à mon rescapé pour s'habituer à sa nouvelle vie. Très vite, Martine, mon épouse, imaginant un nombre sans fin de canards pas toujours propres, met un frein à ma petite manie.

Au printemps 2004, toutes les canes disparaissent pour couver dans la végétation du jardin. J'ai seulement connaissance d'un nid collé à ma maison dont les œufs disparaissent totalement en une nuit. Je tends un piège à œufs pour prendre une fouine extrêmement combative. Début juin, nous sommes quand même surpris de découvrir une cane suivie d'une douzaine de canetons se diriger vers le bassin. Le lendemain, c'est une autre cane avec sa progéniture, et trois jours plus tard, même scénario avec une nichée complète. Sous le regard suspicieux de Martine, j'achète du granulé « premier âge » que j'installe dans différents récipients, granulé immédiatement adopté par tous les canetons… et tous les autres. Les canetons grandissent, et début juillet, quelques-uns commencent à voleter. Imaginez un peu cette scène en plein cœur de village. Chaque soir et chaque matin, c'est à ceux qui chantent le plus fort, ce qui ne nous gêne pas plus que la sonnerie des cloches de l'église.

Un après-midi de juillet, nous partons jouer au bridge avec Martine à Romorantin. Pressé, j'oublie de fermer mon portail automatique. Justement, on célèbre en face ce jour-là un mariage. La totalité de mes canards, curieux et pas craintifs du tout, suivis des deux dendrocygnes, quittent leur mare habituelle à la queue leu leu pour investir la pelouse de l'église, et viennent se mélanger aux convives ébahis. Un de mes bons copains est convié à cette cérémonie. Hilare, il regroupe et refoule avec l'aide de ses deux fils les fugitifs vers leur bassin. En août, tous mes halbrans sont volants, et beaucoup prennent l'habitude de disparaître à la tombée de la nuit pour revenir (parfois) le matin. Il faut dire que je ne suis pas avare en blé et en salade, et que ce régime leur convient très bien. Naturellement, au fil du temps, leur nombre diminue peu à peu. En septembre, seuls mes canards d'ornements et une douzaine de colverts, dont bien évidemment les désailés, restent près du bassin.

Le 12 novembre 2004, il fait un froid de gueux, le thermomètre affiche moins 8°. Ce matin-là, assis devant mon bureau, je contemple ma mare qui a complètement gelé depuis trois jours. Tous les canards, regroupés autour de la cascade où s'écoule un filet d'eau, dorment la tête sous l'aile. En tournant la tête, imaginez ma stupéfaction de découvrir une cane colvert accompagnée d'une ribambelle de canetons à peine sortie de l'œuf, s'acheminer vers le bassin. Ébahi, je vois la cane arriver sur la glace. Celle-ci, complètement désorientée, fait demi-tour suivi de sa progéniture pour rejoindre son nid. Muni d'un panier, je me dépêche de sortir avec l'intention d'en attraper un maximum. En me démenant, je réussis à récupérer dix canetons, mais j'en perds malheureusement un qui se cache sous une plantation. D'évidence, il devient urgent de réchauffer ces miraculés, me demandant d'ailleurs, si ce n'est pas déjà trop tard. Je me souviens alors avoir déposé une lampe à infrarouge dans une remise, que par chance je trouve sans trop chercher. Je prends un carton ayant servi à mes déménagements, j'enlève le dessus, je mets de la paille au fond puis j'installe le tout sur mon bureau. Je branche la lampe qui s'allume heureusement sans problème, puis je dépose un par un les canetons à l'intérieur, la lampe répandant une douce chaleur au-dessus d'eux. Maintenant, je dois impérativement leur donner à manger et à boire. Étant jeune, je passais souvent mes vacances chez mes grands-parents dans les Ardennes. Il me revient alors en mémoire que ma grand-mère avait une technique infaillible pour remettre poussins et canetons d'aplomb lorsqu'ils naissaient les jours de mauvais temps. Cette recette est toute simple. Je fais cuire des œufs durs que je hache en petits morceaux au couteau, mélangé à une brassée d'orties, elles aussi, finement découpée. Je présente le tout aux canetons qui se précipitent, affamé, pour tout dévorer. Je leur mets de l'eau dans un récipient, et alors là, c'est le bonheur ! Martine, me voyant me démener, me demande, railleuse, comment le chasseur de canards que je suis peut se donner autant de mal pour garder en vie quelques canetons ! J'essaie de lui expliquer que la relation du chasseur avec les animaux qu'il pourchasse est souvent complexe et remplie de contradictions. Et que je ne suis pas le seul, et puis que c'est comme ça ! Deux semaines plus tard, j'installe mes canards qui ont pris du volume dans une ancienne remise à cochons que j'arrive à rendre hermétique. Je garde bien sûr la lampe allumée nuit et jour au-dessus d'eux. Le plus contraignant est de garder cet endroit propre, car le canard rejette très vite ce qu'il ingurgite. Je leur fais faire chaque jour, deux à trois promenades à l'air libre. Je réussis à élever mes canards jusqu'au jour où, l'un après l'autre, ils prennent leur envol pour s'en aller et disparaître. En repensant à mes canetons perdus sur la glace, j'éprouve encore un souvenir ému et attendri !

2003 - INTERDICTION DE LA GRENAILLE DE PLOMB EN ZONE HUMIDE

L'interdiction de la grenaille de plomb dans les zones humides vise à lutter contre le saturnisme qui atteint les anatidés. Il s'agit d'une intoxication causée par le plomb qui, véhiculé par les globules rouges, pénètre dans les différents tissus de l'organisme où il provoque des dommages importants. Les oiseaux ingèrent des plombs qu'ils perçoivent sans doute comme étant du « grit », indispensable au broyage puis à la digestion des graines dans leurs gésiers. Les études réalisées en conditions expérimentales ont montré que dès l'ingestion de trois plombs, la mortalité devenait très importante (67 % des cas). Lorsqu'elle n'est pas directement létale, l'intoxication compromet la survie des oiseaux à plusieurs égards. Elle empêche la constitution de réserves énergétiques suffisantes compromettant alors l'aptitude à la migration. Elle diminue la taille de pontes ainsi que le poids des œufs diminuant ainsi le taux de reproduction.

En découvrant la nocivité du plomb sur les organismes vivants, et plus particulièrement sur les oiseaux, toute personne censée ne pourrait être que d'accord pour son interdiction dans les cartouches de chasse, ce qui n'est pas si simple que ça. Car le plomb, comparé aux autres métaux, possède une particularité qui en fait un métal unique, sa densité.

De nombreux chasseurs de gibiers d'eau sont toujours réticents à passer aux munitions de substitution, et plus particulièrement à la bille de fer qui est dangereuse avec sa tendance à ricocher, et qui a cette particularité de rouiller vite, ce qui rend la viande de gibier soi-disant impropre à la consommation en vingt-quatre heures. Et puis les billes d'acier sont souvent à la peine et ne peuvent être utilisées que dans des armes adaptées et souvent chambrées en magnum (76 mm), voire super magnum (89 mm). Certains chasseurs de gibier d'eau n'hésitent pas à passer au calibre 10.

Le chasseur compare simplement l'équivalent de ses cartouches munies de plomb, à celles en acier. Et sur ce principe, c'est une bonne question. Indéniablement, une cartouche avec plombs en 36 grammes offre de bien meilleures performances qu'une munition en 36 grammes acier. Ce n'est même pas comparable ! Cette différence s'explique par la densité des billes : une bille de plomb offre une densité de 11,3, alors qu'une bille d'acier affiche une densité de 8. Autrement dit, à taille équivalente, la bille d'acier est plus légère de 30 % qu'une bille de plomb ! Une bille aura beau avoir une énergie terminale importante, si elle ne pénètre pas ou peu dans l'oiseau, cela ne fait que le blesser ou au mieux l'assommer. La densité du composant est donc primordiale pour offrir de bonnes performances : plus la bille est dense, plus elle emmagasine d'énergie, plus fort est l'impact, et plus serrée est la gerbe, enfin plus la bille elle-même est petite.

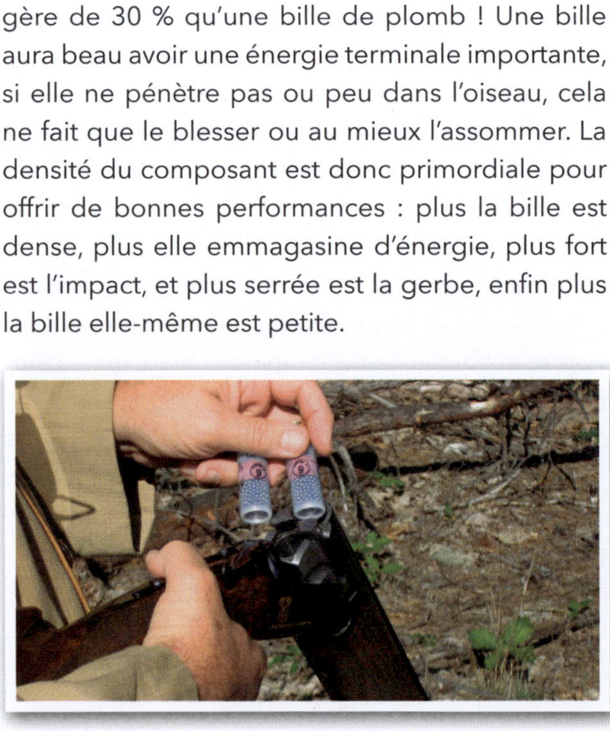

DENSITÉ DES MÉTAUX ET ALLIAGES COURANTS :

- densité de l'acier inoxydable : 8,02
- densité du bronze : 8,8
- densité du cuivre : 8,92
- **densité du plomb : 11,35**
- densité du zinc : 7,15
- densité du titane : 5
- **densité du TSS : 18**
- densité du nickel : 8,9
- densité des cupronickels (30 %) : 8,95
- densité du laiton : 8,3
- densité des alliages d'aluminium : 2,74
- densité du fer/acier : 7,8

Demain, comme le recommande l'Agence européenne des produits chimiques (ECHA), qui a son siège à Helsinki en Finlande, il serait fortement question d'interdire la grenaille de plomb à la chasse et au tir de loisir. Qui serait suivie de l'interdiction logique de l'emploi de plastique dans la fabrication des cartouches. Alors là, bien joué les écolos. Car avec ces deux interdictions, il serait impossible de fabriquer des cartouches, comme l'affirment les encartoucheurs.

UNE RÉVOLUTION VENUE DES ÉTATS-UNIS, LES CARTOUCHES EN TSS

Un substitut nouveau utilisé aux États-Unis, le « Tungsten Super Shot », que l'on pourrait traduire par « super grenaille de tungstène », risque de révolutionner le tir au fusil de chasse. Le TSS offre une densité de 18, ce qui en fait le composant le plus dense et le plus lourd existant. Une caractéristique explique l'incroyable puissance du TSS. Imaginez, une bille de TSS est tout simplement plus dense de près de 60 % qu'une seule bille de plomb ! Composé d'un alliage de poudre de tungstène et de fer, la fabrication du TSS a recours à des procédés qui assurent aux billes une forme ronde parfaite.

En Europe, pour des raisons de sécurité, la norme CIP interdit d'utiliser un matériau de substitut supérieur à 15.

Certains encartoucheurs proposent des cartouches TSS, limitées en densité à 13. Parfait, allez-vous penser. Oui, mais ce serait sans tenir compte de la différence de prix. Le prix de la tonne de plomb est de l'ordre de deux mille cinq cents euros. En TSS, il est de cinquante-cinq mille euros la tonne.

DÉFINITION DES ZONES HUMIDES POUR LA CHASSE AU GIBIER D'EAU.

Voici un extrait de la circulaire du 4 avril 2006 définissant précisément les zones humides et de quelle façon les chasseurs devront utiliser des substituts à la grenaille de plomb.

« Les zones humides sur lesquelles porte l'interdiction d'utilisation de grenailles de plomb sont les suivantes : mer dans la limite des eaux territoriales, domaines publics maritimes, marais non asséchés, fleuves, rivières, canaux, réservoirs, lacs, étangs, plans d'eau, qu'ils soient d'eau douce, saumâtre ou salée, y compris jusqu'à une distance de trente mètres du bord de l'eau, distance appréciée au moment de l'action de chasse. Toutefois, la bande de trente mètres portant sur les fleuves, canaux, réservoirs, lacs, étangs, plans d'eau qu'ils soient d'eau douce, saumâtre ou salée, ne constitue pas une zone humide. Il s'agit seulement d'une dérogation destinée à faciliter la lisibilité du chasseur du gibier d'eau. Il n'y a donc pas lieu d'interdire aux chasseurs, en action de chasse sur des territoires qui jouxteraient, y compris à moins de trente mètres de leur bord, les fleuves, rivières, canaux, réservoirs, lacs, étangs, plans d'eau qu'ils soient d'eau douce, saumâtres ou salées, d'utiliser de la grenaille de plomb dès lors qu'ils ne tirent pas en direction de la nappe d'eau ou que la gerbe de plomb n'est pas susceptible de retomber dans l'eau. »

C'EST DÉCIDÉ !

La présidente de la Commission européenne a signé le 25 janvier 2021 le règlement qui interdit l'utilisation de la grenaille de plomb dans les zones humides et à moins de cent mètres de celles-ci. Cette interdiction, qui prendra effet en février 2023, est prise par le biais d'une mesure de restriction au titre du règlement Reach.

LE CHOIX D'UNE OPTIQUE POUR CARABINE

La chasse, tel qu'il faut la pratiquer, est et devra toujours demeurer une action de sélection et de protection du grand gibier. Éliminer les animaux mal venus, les têtes anormales, les vieux mâles aux trophées enviés, mais dont le rôle reproducteur est achevé, les femelles en surnombre, en choisissant les jeunes bêtes chétives, et celles que l'âge diminue, tels doivent être l'objectif à atteindre par le chasseur désireux de développer le gibier de son territoire de chasse. L'impérieux devoir de juger un animal avant de le supprimer ou de l'épargner exige l'utilisation d'optiques appropriées, d'où l'importance de leur choix.

GÉNÉRALITÉS

À chaque mode de chasse convient un modèle d'optique pour votre carabine. Pour le tir arrêté à grande distance, la lunette de tir avec fort grossissement reste incontournable. La lunette de battue, qui rapproche peu, peut être éventuellement utilisée pour la chasse à l'affût. Par contre, l'inverse est moins évident. Cette optique de battue permet d'arrêter des animaux en pleine course à moyennes distances. Par contre, si vous chassez majoritairement en battue, posté dans un layon de forêt de quelques mètres de largeur, avec des voisins placés à une cinquantaine de mètres de votre poste, le viseur point rouge reste sans contexte un très bon choix. Une partie des chasseurs de battue de grand gibier a opté pour les deux systèmes de visée, lunette de battue et point rouge, systèmes qu'ils adaptent en fonction des situations. Ce sont, en règle générale, des passionnés qui pratiquent assidûment cette chasse, et qui se retrouvent régulièrement dans toutes les situations de tir.

COMBIEN COÛTE UNE LUNETTE DE TIR ?

Si vous disposez d'un budget confortable, votre préférence pour une lunette de tir vous orientera naturellement vers un modèle haut de gamme. Les marques les plus prestigieuses comme Zeiss ou Swarovski offrent un choix très vaste en matière de performances optiques et de spécificités pour chaque type de chasse. Cependant, il est tout à fait possible de trouver des lunettes très convenables à des prix situés entre cinq cents et huit cents euros. L'observation monoculaire est très différente de la binoculaire qui nécessite des tubes parfaitement parallèles et donc des techniques de montage beaucoup plus sophistiquées. Suivant le type de chasse que vous pratiquez, il vous sera possible d'adopter des lunettes spécifiques, notamment pour le tir depuis un poste fixe du genre mirador où les forts grossissements x8 à x12 seront parfaitement exploités. Par contre, pour l'approche et la billebaude, un gabarit variable de 1,5 à 6 x 42 sera plus légère, moins encombrante et largement suffisante pour le tir jusqu'à cent cinquante mètres.

Les plus et les moins de la lunette de battue

Depuis déjà très longtemps, la lunette de battue est utilisée pour la chasse au grand gibier. En prenant en compte tous ses perfectionnements, il est facile de faire le tri entre ses points forts et ses faiblesses. Ses plus sont de pouvoir visualiser et déterminer avec exactitude un animal au-delà d'une distance de cinquante mètres. Cela permet dans un minuscule laps de temps de différencier par exemple un brocart d'une chèvre, un daguet d'une biche. Elle autorise également de pouvoir tirer et atteindre un animal en pleine course bien au-delà de soixante mètres. Bien entendu, un tir à très grande distance ne peut avoir lieu qu'en terrain très découvert, dans une plaine ou dans une grande coupe. Dernier avantage grâce au réticule lumineux, elle apporte une grande précision dans le tir, tout particulièrement dans un environnement sombre.

Et quels sont ses inconvénients ? Son utilité est loin d'être évidente lorsque les chasseurs se retrouvent dans une allée de forêt plus ou moins étroite, postés les uns près des autres, ce qui est souvent le cas dans beaucoup de battues de gros gibier.

C'est un fait que les chasseurs savent d'expérience que la lunette de battue est malcommode dans un tir rapproché. À moins de quinze mètres sur une courte distance, il est quasiment impossible de cadrer un gibier en pleine course, même avec le grossissement

minimum de 1,5. Au surplus, c'est généralement dans cette situation que les risques de blessures à l'arcade sourcilière sont les plus élevés.
Autre incommodité de la lunette de battue ; elle enferme le panorama. Même en tirant les yeux ouverts, ce qui est fortement recommandé, l'œil conducteur se trouve enfermé dans un tunnel, le périmètre du gibier est gommé, la vision ne perçoit plus que le réticule et l'animal. Cela est encore plus significatif lorsqu'il faut tirer rapidement une deuxième balle, l'œil ayant quitté le tunnel une fraction de seconde après le recul du premier coup. Dernier inconvénient et pas des moindres, il est quasiment impossible de cadrer dans une lunette un gibier qui saute en force et à froid la ligne des tireurs postés. Pour le tir de battue, comparée à la fixe, la variable peut faire l'affaire à condition qu'à grossissement 1,5 son champ de vision soit réellement très large et qu'il n'y ait pas d'effet de tunnel.
C'est en fonction de la chasse que vous pratiquez majoritairement qu'il conviendra d'adopter une optique ou une autre. Vous devrez cependant prendre garde aux performances annoncées qui peuvent induire en erreur celui qui serait tenté de faire ne serait-ce que la comparaison de l'indice crépusculaire entre une lunette de grande renommée et une autre complètement inconnue.

CALCUL DE L'INDICE CRÉPUSCULAIRE

Le chiffre de 8 x 56, indiquent un indice crépusculaire de 21,16.
Ce nombre représente la racine carrée du produit du grossissement par le diamètre de l'objectif. La transmission de la lumière à travers des verres aux qualités optiques douteuses d'une lunette de fabrication médiocre, risque d'être très éloignée de celle issue de ce calcul !
En dehors de leurs qualités optiques proprement dites, des lunettes similaires dans le rendu des images et de la transmission de la lumière peuvent être très différentes au niveau de l'encombrement et du poids.
Ce type de paramètre n'est pas à négliger surtout si l'optique est montée sur une arme destinée à l'approche, mode de chasse où l'on se déplace beaucoup. La fatigue engendrée par un surcroît de poids risque de nuire à la précision de votre tir en fin de journée, surtout si vous êtes amené à tirer à bras franc.
Ces deux éléments sont particulièrement sensibles en terrain difficile. Par contre en chasse statique d'affût, une lunette lourde sur une carabine légère chambrée pour le tir d'un calibre

puissant augmentera le confort de votre tir. Cette remarque est également valable pour le tir avec des calibres très légers du type 5,6 x 50 R magnum où le placement de la balle doit se faire avec la plus grande précision pour obtenir l'efficacité maximum.

QUEL GROSSISSEMENT ?

En théorie, toutes les grandes marques proposent des optiques de visée correctes.

Par contre, la perception de la lumière est différente entre un œil jeune et un autre qui l'est beaucoup moins. Si un individu de vingt ans bénéficie d'une ouverture de pupille d'environ huit millimètres, un homme d'âge mûr qui atteint la soixantaine n'a plus qu'une capacité d'ouverture d'environ quatre millimètres. À partir de là, il ne lui servira à rien d'acheter une 8x56 dont la pupille de sortie est de sept millimètres alors qu'il ne pourra exploiter qu'un rayon de quatre millimètres. Dans ce cas, une 10x40 fera aussi bien l'affaire. Elle sera en règle générale plus légère et très certainement moins coûteuse. Dans tous les cas, essayez d'harmoniser le grossissement de votre lunette de tir avec celui de vos jumelles. Car il est tout à fait frustrant de repérer un animal avec un grossissement x10 puis de le chercher désespérément dans la lunette dont le grossissement se limite à x6.

Ceci dit, l'amplification linéaire de l'image est une chose, et le tir en est une autre.

À partir de x8 qui convient bien, il est nécessaire de disposer d'une possibilité d'appui stable pour assurer un tir précis. Dans la mesure du possible, même pour tirer relativement près, il vaut mieux s'appuyer, cela évite bien des mauvaises balles.

En général, pour des questions pratiques, les chasseurs utilisent avec avantage des lunettes munies d'un zoom dont l'amplitude permet de faire varier le grossissement de 1,5 à 6 ou de 2 à 10 en passant par toutes les combinaisons intermédiaires offertes par le matériel disponible sur le marché.

LE MONTAGE DE LA LUNETTE

Il existe deux systèmes de montage ; le pivotant ou le fixe. Là aussi, la dépense est modulable de façon très conséquente en sachant que tous les montages sont très performants. Certaines armes de marques comme Blaser, Brno, CZ, Sako, ou Tikka entre autres, disposent de montages spécifiques dont les prix sont très limités pour les uns et un peu plus onéreux pour les autres. Par contre, les frais d'installation sont toujours modiques en raison de leur rapidité de mise en œuvre. Un montage fixe est souvent très avantageux et l'argument qui consiste à vanter outrageu-

sement la liberté de tirer avec ou sans la lunette, n'est pas très sérieux, car, si la lunette est parfaitement montée et adaptée à votre type de chasse, à la bonne hauteur de la distance œil/oculaire, encore appelé relief oculaire, vous ne serez pas tenté de l'ôter. À savoir qu'un montage pivotant vaut, posé, trois à quatre fois plus cher qu'un montage fixe de la meilleure qualité.
Bien entendu, si vous souhaitez disposer de plusieurs lunettes pour la même arme, le montage pivotant est la seule solution.
Autre détail d'importance, certaines lunettes sont équipées d'un rail. Cet élément permet une adaptation ultra précise, notamment dans le réglage de la distance œil/oculaire qui est déterminant dans la rapidité à saisir la cible.

LE RÉGLAGE DE SA LUNETTE

Vous trouverez sur toutes les lunettes, deux vis de réglage protégées par des caches. Une fois les chapeaux enlevés, ces deux vis graduées sont les éléments essentiels pour réussir un bon réglage que vous pourrez ajuster à l'aide de clics. Sur la majorité des lunettes, un clic est égal à environ un centimètre à cent mètres. La vis qui est située au-dessus de la lunette règle la position horizontale, celle qui se trouve sur le côté, la position verticale. Théoriquement, vous devez commencer par régler la position horizontale. Une fois que votre réticule se trouve bien placé, il ne vous reste plus qu'à le remonter ou à le descendre à l'aide de la vis verticale pour stabiliser votre réglage. Il est intelligent de prévoir un papier et un crayon pour noter sur quelle vis vous opérez, et de bien noter le nombre de « clics » que vous allez exécuter. Il est impératif d'effectuer votre réglage avec la même marque et le même poids de balle dont vous vous servez à la chasse. En utilisant une balle plus lourde, à grande distance, celle-ci vous fera tirer plusieurs dizaines de centimètres en dessous de l'animal visé.

QU'EST LA DRO ?

Cette abréviation qui signifie « Distance de Réglage Optimale » est exprimée en mètres et elle est réglable. La trajectoire d'une balle n'est jamais droite, mais elle effectue une courbe qui s'accentue de plus en plus. La DRO zéro correspond à la portée idéale d'une munition, c'est à dire, sans aucune correction de visée. Le tireur de battue, dont la moyenne de tir se situe avant cinquante mètres, n'exigera pas la même qualité de réglage de sa DRO qu'un tireur de chamois qui tire entre cent cinquante à trois cents mètres. En pratique, un bon réglage doit être effectué à sa distance moyenne de tir.

Quand peut-on utiliser le grossissement variable ?

Pour tirer à moins de cinquante mètres, le meilleur des grossissements est de 1,5. C'est dans le tir à découvert que l'on doit augmenter le grossissement. Pour un tir de soixante à cent mètres, réglez à 4. Pour plus de cent cinquante mètres, prendre le maximum, 6. Certains tireurs excellent dans ce tir à grande distance.

Le tir de très loin en plaine

Pour tirer de très loin un sanglier en plaine, il est nécessaire d'avoir une DRO réglée à cent cinquante mètres, et de ne pas craindre de devancer par devant la longueur de deux sangliers, sans arrêter son mouvement au moment de tirer. Avec une DRO réglée à cinquante mètres, corrigez de deux sangliers par devant, un sanglier par-dessus. L'idéal, c'est de pouvoir bloquer le poignet qui tient la longuesse sur un arbre ou sur un piquet de mirador.

LE MONDE ÉTONNANT DES OISEAUX EN JUIN

> Le *grèbe huppé* passe toute son existence à nager et à plonger. Même la reproduction s'effectue sur un nid flottant près des berges.

Grèbe huppé

> La *mésange à longue queue*, qui pèse entre huit et neuf grammes, est un bâtisseur né. Son nid, ovale, complètement fermé, avec une entrée latérale dans la partie supérieure, atteint en moyenne vingt centimètres sur douze. Sa surface, recouverte par des bribes d'écorce et des toiles d'araignée, est si bien camouflée, que le nid passe complètement inaperçu sur un tronc de chêne couvert de mousse.

> Pour certains oiseaux, la construction du nid représente un travail considérable. La collecte des matériaux nécessite jusqu'à mille trois cents allers-retours à un *pinson*, mille deux cents à une *hirondelle rustique*.

> Le chant de l'*alouette* en pariade nuptiale est un des plus longs et continus qui soient. Une strophe peut durer entre trois et dix minutes.

> La *perdrix grise* niche sur le sol et y dépose à intervalles de vingt-quatre à quarante-huit heures, neuf à quinze œufs brun-olivâtre. L'incubation dure de vingt-et-un à vingt-six jours, assurée par la femelle seule. Quand elle s'éloigne pour se nourrir, elle recouvre ses œufs avec des feuilles et des herbes sèches, sans toutefois les cacher complètement.

ARRÊT DES MIGRATIONS EN JUIN

ACCOUPLEMENT ET FIDÉLITÉ CHEZ LES OISEAUX

Chez les oiseaux, la formation du couple ne se fait pas obligatoirement au printemps. Par exemple, les anatidés et les anséridés s'accouplent en hiver. C'est l'allongement de la durée du jour qui provoque l'activité des glandes sexuelles et le besoin de s'accoupler. La rencontre des partenaires est favorisée par la parade nuptiale. Certains oiseaux ont la réputation d'être fidèles, ce qui est une légende. Il faut faire la distinction entre la monogamie sociale (couple élevant seul une famille, mais admettant plusieurs partenaires sexuels), la monogamie sérielle (partenaires fidèles successifs), et la monogamie vraie. En fait, contrairement aux grues (et encore !), peu de couples restent fidèles leur vie durant. Les rois de la polygamie, ce sont les malards de colvert, perpétuellement en recherche de femelles au printemps, et le coq faisan qui s'appareille avec une douzaine de poules. Beaucoup d'espèces ne connaissent pas la « vie de couple », l'exemple type étant le coucou. Souvent, le mâle s'accouple avec plusieurs femelles et ne participe pas à l'élevage des petits. Paradoxalement, les *passereaux* forment un couple uni plusieurs années de suite. Mais on ne peut pas parler ici de fidélité. Les oiseaux, qui réintègrent chaque année le même territoire, ont donc plus de chances de se retrouver.

À OBSERVER

Chez les oiseaux nidicoles, comme les *passereaux* et les *rapaces*, le nid est un abri élaboré que les jeunes ne quittent qu'une fois devenus autonomes. Les oiseaux nidifuges, comme les gallinacés, les anatidés et les limicoles, font un nid rudimentaire, simple creux du sol ou amas de substances végétales sur l'eau, que les poussins abandonnent après leur naissance.

Hirondelles au nid

LES EXCÈS DE CERTAINS PHOTOGRAPHES ANIMALIERS

Photographe animalier

L'avancée technologique des appareils photo numériques et les loisirs « verts » ont généré chez certains passionnés de la nature la vocation de la photographie animalière. Ce qui n'est pas sans conséquence pour certaines espèces d'oiseaux rares, comme le faucon pèlerin ou le balbuzard, particulièrement recherchées en période de reproduction. Désirant prendre les meilleurs clichés, suivant sans précautions et avec trop d'assiduité la nidification, ces apprentis ornithologues, peu ou pas formés, font souvent échouer les nichées qu'ils épient. Il est pourtant largement prouvé qu'en cas de dérangement, les oiseaux abandonnent purement et simplement leur nid. Il faut aussi savoir qu'un jeune mammifère touché par un humain peut être abandonné par sa mère, car marqué d'une odeur ennemie, et qu'il est dangereux de manipuler un batracien sans s'être préalablement mouillé les doigts. Pire encore ! Pour faire « la » belle photo, certains photographes sans scrupules, qui se disent pourtant écologistes, ne se préoccupent en aucune façon des risques qu'engendre leur présence auprès des animaux qu'ils ne respectent qu'en paroles.

Petit, tu ne dis plus rien… tu te rends compte qu'à onze ans tu viens d'estourbir ta première bécasse. Les chasseurs attendent souvent longtemps avant d'en mettre une au bout de leur canon… certains même n'en tuent jamais de leur vie !

Robert Del Pia

ÉMOTIONS DE CHASSE *par Joseph du Castel de Beaucoroy*

UN APPRENTI HUTTIER

C'était en 1939, j'avais alors treize ans, Joseph de Valicourt avait racheté la hutte des Mollières d'Aval, remarquable par son emplacement et ses résultats. Il avait été admis que je participerai à ma première nuit de hutte. Tout avait été préparé en conséquence, mais arrive un télégramme annonçant que notre tante Élisabeth allait partir et évidemment, ma famille se devait d'abréger ses vacances. Devant la désolation et le fait que notre départ en train ne pouvait avoir lieu que dans la soirée, mon père décida de m'emmener avec mes sœurs voir au moins cette nouvelle hutte. Cette grande hutte pourvue, derrière la renclôture de la baie de Somme, d'une mare d'au moins quatre cents mètres de long était bordée, sur la face d'arrivée, d'un camouflage à base de troènes et de saules. Mon père, nous laissant devant la porte de la hutte dont nous n'avions pas la clé, regarda à travers une trouée et, apercevant la pose de six sarcelles, nous intima le silence en nous indiquant le chemin du retour. Nous passâmes chez l'aimable garde Edmond pour le prévenir de notre impossibilité de hutter la nuit suivante et pour lui signaler la pose de six sarcelles. Le soir venu, ma famille se rendit donc à la gare de Noyelles. Au moment où nous allions monter dans notre compartiment, nous vîmes arriver en courant Edmond avec les six sarcelles : deux au posé, deux au vol, deux au repassage ; c'était, dans toute sa simplicité, sa façon à lui de nous exprimer sa sympathie. Ainsi a débuté, sans pratique, ma découverte de la chasse au gibier d'eau, tradition familiale.

JUILLET
2022

JUILLET

LUNDI	MARDI	MERCREDI	JEUDI	VENDREDI
sem. 26 FERNAND 27	IRÉNÉE 28	PIERRE-PAUL 29	MARTIAL 30	THIERRY 1
sem. 27 FLORENT 4	ANTOINE 5	MARIETTE 6	◐ RAOUL 7	THIBAULT 8
sem. 28 BENOIT 11	OLIVIER 12	○ HENRI ET JOËL 13	FÊTE NATIONALE 14	DONALD 15
sem. 29 FRÉDÉRIC 18	ARSÈNE 19	◑ MARINA 20	VICTOR 21	MARIE-MADELEINE 22
sem. 30 JACQUES 25	ANNE ET JOACHIM 26	NATHALIE 27	● SAMSON 28	MARTHE 29

SAMEDI	DIMANCHE
MARTINIEN 2	THOMAS 3
AMANDINE 9	ULRICH 10
ND. MT CARMEL 16	CHARLOTTE 17
BRIGITTE 23	CHRISTINE 24
JULIETTE 30	IGNACE DE L. 31

Du côté des livres

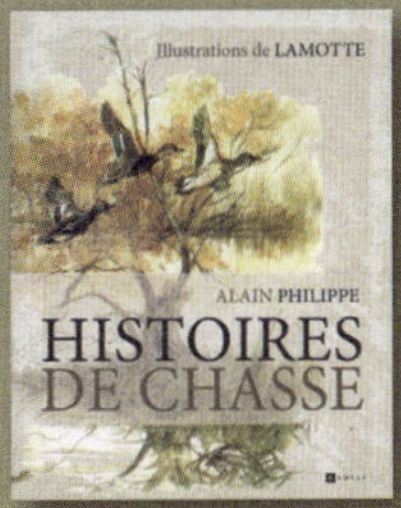

HISTOIRES DE CHASSE

Alain Philippe

J'ai douze ans quand mon oncle Georges, chasseur enragé, nous invite à partager une journée de chasse. Tout au long du repas, il nous raconte sa passion avec des mots qui me font rêver. Dans le courant de l'après-midi, Georges convie mon père et moi à l'accompagner chasser. Nous marchons dans un chaume, lorsqu'un perdreau gris se lève, quasiment entre mes pieds... L'émotion intense que me cause son envol, je la ressens encore aujourd'hui... Au fil des années, me sont révélées les différentes pratiques de chasse. Toutes me passionnent et me font vivre de merveilleuses histoires et rencontrer d'autres chasseurs qui autour de bon repas me comptent des histoires vécues.

J'ai pris beaucoup de plaisir à conter mes aventures et mésaventures, mes rencontres et anecdotes qui me sont arrivées au cours de ma vie de chasseur. Ce livre, *Histoires de chasse*, contient 80 histoires qui retracent ces merveilleux moments emplis d'émotion et de passion que m'ont procurées des parties de chasse mémorables au milieu d'une nature sauvage. Certaines vous sembleront peut-être à peine croyables, mais toutes ont été vécues par l'auteur.

Ami chasseur et passionné par la nature, je vous propose de vous emmener rêver. Sachez que la majorité des 68 récits que je vous propose de découvrir dans ce livre sont des morceaux de ma vie...

Format : 22 x 27 cm
Prix : 29,90 €
Date sortie : août 2021

UNE HISTOIRE

La demande en mariage

Ils s'étaient rencontrés un soir à Paris, au cours d'un dîner chez des amis communs. Immédiatement, entre Christian, jeune citadin diplômé d'une grande école, et Françoise, fille d'un exploitant agricole de Sologne, cela avait été le grand coup de foudre. Comme il se doit, au cours des jours et des semaines qui suivirent, les deux tourtereaux s'étaient vus et revus, pour finalement s'avouer leur indéfectible amour.

Au fil des mois qui passaient, leur histoire semblait, a priori, se dérouler le mieux du monde, et, tout naturellement, le mot mariage avait été rapidement évoqué entre les deux tourtereaux. Malheureusement, un fait regrettable portait ombrage à leur idylle. Christian n'était pas du tout, mais pas du tout, chasseur. Mais en quoi est-ce un problème, allez-vous me demander ? Et bien tout simplement parce que, pour la famille de Françoise au grand complet, ce manquement était presque une tare. Car il est important de savoir que le père de la jeune fille, ses trois frères et elle-même étaient des passionnés cynégétiques, dont la vie était rythmée, au fil des saisons, par leur dévorante passion.

Françoise, prenant le taureau par les cornes, décide de crever une bonne fois l'abcès, en présentant son prétendant au cours d'une partie de chasse prévue un samedi sur la propriété familiale. Inutile de vous dire que Christian, complètement néophyte, appréhende de ne pas être à la hauteur. Sans vergogne, il prend ses copains chasseurs à part, pour leur extorquer quelques conseils. Il lui apparaît que la toute première des choses à faire, c'est d'acheter un équipement complet. Qu'à cela ne tienne ! Il existe à cette époque une armurerie incontournable avenue de Grande Armée, Callens et Modé. Pour mettre le maximum de chances de son côté, Christian prend rendez-vous avec l'intention de s'équiper de la tête aux pieds. Costume, chemise, cravate, chaussures, bottes, carnier, fusil lisse, fourreau, cartouchière, cartouches, en retournant complètement ses poches, le jeune garçon réussit à s'offrir la panoplie complète du parfait chasseur. Pour le chien, décide-t-il, je verrai un peu plus tard... Puis, les samedis suivants, accompagné par Françoise, il se rend à la célèbre école de tir de la famille Dubois, à Saclay. Là, Jacques Dubois, lui apprend à manipuler son fusil, puis il lui fait tirer quelques dizaines de cartouches, en lui répétant inlassablement : « Tu es derrière ! Rate par devant, avance tes canons, tire, sans arrêter ton mouvement. »

Le grand jour arrive trop vite. Françoise, émue, a donné rendez-vous à son amoureux dans la maison familiale à huit heures précises. Là, on peut dire que l'entrée de Christian fait son petit effet. Habillé comme une gravure de mode, son affublement jette d'abord un grand silence, puis amène rapidement quelques sourires ironiques aux gens de la maisonnée. Car, comme tous les chasseurs pratiquant leur passion avec assiduité, le père de Françoise et ses trois frères arborent des vêtements de chasse pratiques, vêtements qui ont subi les caprices des intempéries et des ronces. Ils portent sur eux des vestes imperméables, parfois rapiécées, mais confortables, des pantalons en velours côtelé, ainsi que de grosses chaussures de marche bien huilées, bref, des tenues faites pour affronter tous les alinéas de la nature.

Le contraste était saisissant, et Christian, tout en les observant, comprend immédiatement que la situation n'est pas vraiment à son avantage. Malgré cela, le soupirant s'efforce de faire bonne figure. Avec un grand sourire, il offre à la mère de Françoise une énorme boîte de chocolats de chez Hédiard, tout en remerciant chaleureusement son père et ses frères de leur invitation. Après cet intermède tragicomique, tout le monde se met à table pour prendre un petit en-cas. Christian découvre alors les petits déjeuners

lui a bien expliqué qu'il ne doit charger son fusil qu'une fois le coup de trompe sonné, ce qui signifie que la battue commence.

En fait, tous les évènements se précipitent, car quelques minutes après avoir entendu la trompe et avoir mis deux cartouches dans son fusil, Christian découvre un couple de chevreuils lancés en pleine course, qui défilent à moins de vingt mètres de lui. Sans se donner le temps de réfléchir, le jeune chasseur épaule en direction des animaux, puis il tire ses deux coups précipitamment. Eh bien, à son énorme surprise et aussi incroyable que cela paraisse, Christian, ce jour-là, fait un doublé. Abasourdi, le néophyte contemple les deux chevreuils morts, qui gisent tués net et proprement, à quelques pas de lui.

Inutile de vous dire que l'on parla longtemps de ce fameux doublé en Sologne. Le père, les trois fils, Françoise, même la mère, défilèrent, incrédules pour vérifier ce tir incroyable.

Ce doublé miraculeux eut d'autres répercussions pour le jeune couple. Le soir, après dîner, Gérard s'approcha de Christian pour lui annoncer solennellement : « Bon ! Tu sais Christian, on vient de se parler avec mon père et mes frères. Et bien on voulait que tu saches que pour le mariage, et bien, on est tous d'accord ! » Christian, ému, ne trouvant pas ses mots, prend Gérard dans ses bras pour l'embrasser sans façon. Cette histoire, que je vous garantis authentique, s'est passée il y a une soixantaine d'années, m'a été contée par Françoise et Christian dans cette maison familiale, devant les deux têtes de ces fameux chevreuils, qu'ils avaient, naturellement, fait naturalisé. Ils sont tous les deux toujours aussi amoureux. Christian est devenu un excellent chasseur, amoureux de ses chiens et respectueux de l'éthique. Seule conséquence de cette journée miraculeuse, depuis ce fameux jour, Christian n'a plus jamais voulu tirer de chevreuil : « Je leur dois bien ça ! », m'a-t-il confié tout en embrassant tendrement Françoise.

d'avant-chasse en Sologne. Charcuterie avec des rillons encore tièdes au goût incomparable, jambon de sanglier fumé bien moelleux et tranché très fin, omelette aux girolles bien baveuse, gros pain de campagne, le tout accompagné de Reuilly blanc frais. Le fiancé de Françoise fait honneur à ce tout qu'on lui sert, en se disant que ça, il s'y fera sans problème. Françoise explique alors à Christian que la matinée est réservée aux chevreuils, qui pullulent sur la propriété. C'est Gérard, un des frères de Françoise, qui a la charge de placer Christian, et surtout de lui expliquer comment se comporter devant ces animaux. Tout en se dirigeant vers le poste attribué à son invité, Gérard demande quel est le numéro de plomb de ses cartouches. À cette époque, pas très lointaine, le tir de chevreuil ne se fait pas encore à balle. Pour Christian, un numéro en vaut bien un autre, et il avoue n'avoir que du huit. Gérard, en haussant les épaules, prend dans sa poche une poignée de ses cartouches qu'il tend en soupirant au soupirant : « Tiens, prends donc celles-là, tu verras, ça ira beaucoup mieux ! »

En les prenant, Christian voit inscrit sur le carton le numéro quatre.

Arrivé au bon poste, Gérard explique longuement à Christian qu'il ne doit jamais tirer dans l'enceinte qui est chassée, mais uniquement une fois que le chevreuil a sauté l'allée. De ne jamais tirer un animal trop loin ou trop prêt, et surtout d'attendre les trois coups de trompe pour pouvoir quitter son affût. Puis Gérard s'éloigne, sceptique, laissant un Christian, pas vraiment à l'aise, posté à l'angle d'un bois. Avant, Gérard

LA CHASSE ET SES BOULEVERSEMENTS DE 1945 À NOS JOURS

2010 – DÉRIVES VÉGANS, ANIMALISTES ET ANTISPÉCISTES

En France et ailleurs, l'activisme en faveur des droits des animaux fait de plus en plus appel à la violence. Depuis une quinzaine d'années, diverses associations aux financements occultes, prônent de manières souvent violentes la théorie que l'être humain ne doit plus consommer d'aliments d'origine animale pour subvenir à ses besoins nutritionnels. D'autres militent pour supprimer la souffrance animale qui leur est insupportable. Ces extrémistes sont peu nombreux, mais grâce aux réseaux sociaux, et en s'appuyant sur certains partis politiques, ils arrivent parfois à donner la fausse impression de posséder une audience. Chasseurs, éleveurs, bouchers, et maintenant pêcheurs sont leurs cibles quotidiennes favorites. Les inepties des arguments végans, version politique et extrémiste de l'abolitionnisme de l'élevage, de la viande et de la chasse, amusent et énervent le monde rural, car la nouvelle société dans laquelle ils veulent nous faire vivre semble tellement absurde que peu les prennent au sérieux.

▸ **Le véganisme** est un mode de vie qui consiste à ne consommer aucun produit d'origine animale. Au-delà de l'adoption d'une pratique alimentaire végétalienne, le véganisme exclut également la consommation de tout autre produit issu des animaux, de leur exploitation ou testé sur eux.

▸ **L'antispécisme** est un courant de pensée philosophique et moral, formalisé dans les années 1970 par des philosophes anglo-saxons qui défendent un renouveau de l'animalisme, et considèrent que l'espèce à laquelle appartient un animal n'est pas un critère pertinent pour décider de la manière dont on doit le traiter et de la considération morale qu'on doit lui accorder.

▸ **L'animalisme** est un courant de l'éthique qui s'appuie sur les avancées de l'éthologie et qui défend les droits des animaux. Ce courant soutient que les animaux, même non humains, sont des êtres sensibles capables de souffrir, et par là même dignes de considération morale de la part des êtres humains.

MAIS DANS QUEL MONDE LES VÉGANS VEULENT-ILS NOUS FAIRE VIVRE ?

Mettre en place ce que désirent faire les végans, animalistes et antispécistes, serait un bouleversement brutal de notre société. Avec la certitude de ne jamais pouvoir revenir en arrière, imaginons la campagne et nos fermes sans aucun animal. Car je ne vois pas pourquoi les paysans s'échineraient à élever moutons, vaches, chevaux, poulets, canards, lapins, enfin toutes ces bêtes qui en fait n'intéresseraient plus personne. Dans cette logique, ces mêmes animaux seraient voués à disparaître rapidement, car s'en occuper et les nourrir demande énormément de compétences, de travail, de temps et d'argent. Ce serait aussi l'abandon de la chasse, de la pêche de loisir et la fin des métiers de marin-pêcheur, poissonniers, bouchers, charcutiers, et de beaucoup d'autres.

Indéniablement, il faut bien prendre en compte que le véganisme est une religion dangereuse. Il participe à la rupture programmée de nos liens avec les animaux domestiques. Il menace de nous condamner à la disette en nous ramenant

Mirador vandalisé

à l'agriculture des temps anciens. L'homme est un omnivore ! Son organisme a besoin de protéines, et manger de la viande fait partie de l'histoire humaine depuis toujours. Les viandes font partie des aliments les plus riches en protéines alors que les teneurs en protéines des produits céréaliers sont beaucoup plus faibles. Les protéines d'origine animale sont toutes de bonne qualité nutritionnelle. Elles ont un bon équilibre en acides aminés, indispensables à nos organismes, ce qui n'est pas du tout le cas de la plupart des protéines végétales. Pourtant, contre toute évidence, quelques personnes affirment de façon insistante l'idée que l'être humain n'est plus obligé de consommer des produits d'origine animale pour subvenir à ses besoins nutritionnels. Par la publication de livres, et au cours de conférences, ils font la promotion du véganisme, un régime très restrictif où l'on doit non seulement se priver de viande, mais aussi de tout produit animal, y compris le lait et les œufs. Ces extrémistes sont peu nombreux, mais grâce aux réseaux sociaux, et à quelques actions très violentes, les végans donnent la fausse impression d'être omniprésents.

DES ACTES VIOLENTS RÉPRÉHENSIBLES

On ne compte plus les agressions que subissent régulièrement les veneurs, de la part des extrémistes militants d'AVA, les amis des bois, PACCT ou encore section anti-chasse qui viennent armés prêt à en découdre, ces associations comprenant une trentaine de personnes se sont fixé comme objectif de supprimer la chasse à courre. Pourtant, cette pratique est de loin la plus écologique qui soit.

Les élevages, les abattoirs, les boucheries, les miradors sont régulièrement vandalisés. Quant aux chasseurs, ils sont haïs et régulièrement insultés sur les réseaux sociaux.

Les tribunaux sont à ce jour laxistes, les condamnations légères et souvent quasi inexistantes.

PASSION DU CHIEN

LE FLAT COATED RETRIEVER

Le Flat Coated Retriever est un véritable athlète au poil noir plat et brillant, d'où son nom qui se traduit par « recouvert de poils plats ». Il existe également quelques spécimens, plus rares, marron foncé. Bien charpenté, ce retriever est agile, avec une tête longue et un stop très léger. C'est un chien de taille moyenne, brillant, vif, à l'expression intelligente, puissant sans être lourd, harmonieux dans ses lignes sans manquer de substance. Ce retriever aux multiples facettes, que l'on rencontre peu en exposition de beauté, de travail et en Agility, est aussi un spécialiste pour la recherche de personnes disparues, de stupéfiants et d'explosifs. Il est aussi devenu chien de compagnie au Canada, aux États-Unis, et en Angleterre. En France, comparé aux labradors ou aux golden retrievers, le Flat Coated n'est pas vraiment un chien à la mode. On en voit peu, à la chasse ou ailleurs. Et c'est vraiment dommage ! Surtout pour le chasseur de gibier d'eau ou de battue, car ses qualités sont vraiment exceptionnelles.

Son histoire

L'origine du Flat Coated Retriever date des années 1800. Vers la fin du XIXe siècle, il était devenu le chien de rapport par excellence du chasseur aisé et mondain en Grande-Bretagne. L'année 1860 marque l'entrée sur la scène cynophile du Flat Coated : il est pour la première fois exposé, aux côtés de son cousin frisé, le Curly Coated. Pour les éleveurs, l'objectif annoncé était d'obtenir un animal capable de rapporter rapidement un gibier blessé, dans un environnement difficile, broussailleux ou marécageux. Ses ancêtres étaient appelés le « Wavecoated retriever », traduits par « chiens de rapport au poil ondulé ». On peut en déduire que les premiers exemplaires n'avaient pas le poil lisse comme la race actuelle. Il se dit que le Flat Coated serait issu de différents croisements entre le Terre-Neuve, le setter irlandais, le pointer, et le labrador. Tout cela n'est que suppositions. Qu'il possède du Terre-Neuve semble évident. Il aurait hérité de son courage et de sa passion pour la chasse. Mais d'évidence, c'est un chien moins pataud et élégant, qui emprunte au setter irlandais des attitudes d'aristocrates. Sa popularité a fortement augmenté après la Première Guerre mondiale, pour atteindre quatre cent quarante inscriptions au Kennel Club en 1924, mais ce niveau a baissé progressivement pour se stabiliser autour de quatre-vingts par an vers la fin des années 30. À la fin de la Seconde Guerre mondiale, l'élevage des Flat Coated était exsangue. En dehors de l'effet de la guerre, ressenti par tous les éleveurs de chiens de race en Angleterre, on peut se demander ce qui a bien pu provoquer ce revirement. Ce fut peut-être l'intérêt progressif pour les Field Trials qui fît découvrir le besoin d'un chien au type spécifique, comme ce fut le cas au siècle précédent suite à l'introduction du fusil qui se charge par la culasse.

Tout au long de son histoire, le Flat Coated a attiré les amateurs passionnés. Quelques éleveurs firent le pari d'élever le « Retriever parfait ». Ils désiraient que ce chien possède un poil plus léger que celui du Wavecoated Retriever, qui était visiblement marqué par le chien de Terre-Neuve. Son physique devait être plus élégant, sans pour autant perdre de sa puissance et de sa force. Ainsi, sa tête est devenue plus fine, avec ses contours caractéristiques, résolument différents des autres retrievers, et spécifiques aux Flat Coated, avec un « stop » peu prononcé que les novices ont parfois de la peine à accepter. Mais un autre facteur essentiel était l'aptitude de ce chien pour le rapport auquel il était destiné. Pour les éleveurs, l'objectif annoncé était d'obtenir un animal capable de retrouver et de rapporter rapidement un gibier blessé, dans un environnement difficile. Si le Flat Coated est plus rapide que certains labradors, il semble être plus sensible que lui par très grand froid, lorsqu'il attend sans bouger à moitié immergé dans l'eau à la passée. Le standard de la race met l'accent sur les capacités fonctionnelles et efficaces de ce chien.

Arrivée des « Field Trials »

Au XIXe, ce furent les éleveurs de labradors, et plus tard de golden retrievers, intéressés par les concours de chasse, qui relevèrent le défi. Leur but d'élevage était de se faire connaître à travers les Field Trials ; le résultat en fut une division de ces deux races en deux types : « Travail » et « Beauté ». À juste titre ou non, le Flat Coated n'a pas suivi cette tendance, et il est resté un chien « dual purpose », c'est-à-dire un chien doté d'une conformation lui permettant de réussir dans le ring, tout en étant capable de faire son travail sur le terrain. La montée des Field Trials a également mis en avant entraîneurs et conducteurs professionnels (surtout chez le labrador), alors que les propriétaires de Flat Coated ne suivaient pas cette tendance, préférant dresser et conduire, avec infiniment de plaisir et d'enthousiasme, eux-mêmes leurs chiens, mais souvent sans le savoir-faire, l'expérience et l'aura des professionnels. En conséquence, cette race mal promue, a été considérée comme dépassée dans le monde de plus en plus compétitif et parfois, il faut l'admettre, plus commercial des Field Trials.

▶ L'évènement annuel du « Championship Show » en Angleterre, attire le plus grand nombre de Flat Coated au monde (entre quatre cents et cinq cents !) Cette exposition unique offre une magnifique occasion aux amateurs anglais et étrangers de se rencontrer pour échanger leurs points de vue, acquérir un chiot, et négocier une saillie.

Physique et aptitudes

Le Flat Coated est un athlète qui possède un charme remarquable. Bien charpenté, il est agile, avec une tête longue et un stop très léger. Son rein est court et carré. Sa poitrine, bien descendue et assez large, est bien dessinée dans sa région sternale. Les côtes antérieures sont assez plates. Elles sont bien développées vers l'arrière du thorax, présentant une courbure graduelle. Sa robe est dense, de texture fine à moyenne, de bonne qualité, aussi plate que possible. Les membres et la queue sont bien frangés. Il faut bien dire que ce chien, très exubérant et énergique, remue sans arrêt sa queue touffue, ce qui lui a valu, en Angleterre, le sobriquet de « Wagging tail », traduisez par « queue frétillante ». Il est le plus distingué parmi les retrievers et aussi le plus vif. C'est un chien enjoué qui possède une irrésistible envie de jouer. D'un dynamisme étonnant, il est doué d'une immuable gaîté, persuadé que tous les êtres vivants sont toujours prêts à s'amuser avec lui. C'est le chien idéal pour tous ceux qui désirent garder avec eux un animal toujours gai, possédant d'excellentes qualités de travail. Car le Flat Coated est avant tout un redoutable chien de rapport. Il possède un nez long, et surtout, un fabuleux « marquing ». Précisons que le Flat Coated adore l'eau, et qu'il excelle dans la recherche de canards désailés la nuit, au cours d'une passée en hiver.

Poids : 25 à 36 kg
Hauteur au garrot : 57 à 62 cm

▶ En nombre, les Flat Coated sont maintenant bien inférieurs aux labradors et golden retrievers qui ont connu un essor incroyable. Néanmoins, la progression des Flat Coated Retriever est constante et elle assure une base suffisante pour sa pérennité. La plupart des propriétaires de Flat Coated sont fiers de posséder ce qu'ils estiment être l'élite des races de Retrievers. Le Flat Coated est peu ou pas sujet à la dysplasie.

LE MONDE ÉTONNANT DES OISEAUX EN JUILLET

> Il existe une aberration souvent observée dans le plumage des anatidés et anséridés : l'isabellisme. Cette teinte beige doit l'origine de son nom à la reine Isabelle de Castille, qui conserva la même chemise blanche tout au long des huit mois du siège de Grenade.

> Outre la particularité d'être recouverts de plumes, une autre caractéristique des oiseaux est de ne pas avoir de dent. Tout au plus les mandibules du bec et de la langue sont-elles garnies chez certaines espèces de saillies et d'épines pour maintenir les proies ou chez d'autres de lamelles pour filtrer l'eau et la vase de leur plancton.

> L'*hypolaïs polyglotte* a des facultés d'imitation incroyable. Quand il chante, ce *passereau* commence par délivrer quelques notes, empruntées au *moineau domestique*, mais aussi au *merle noir*, à la *grive musicienne*, voire à l'*hirondelle rustique*.

> De l'âge de trois semaines à l'âge adulte à trois ans, l'*eider à duvet* mâle mue huit fois.

> Le *geai* est un très bon imitateur. Il contrefait très bien les miaulements de la *buse*, les hululements de la *chouette hulotte* et les cris de divers oiseaux.

> Les oiseaux, contrairement aux mammifères, ne possèdent pas de corde vocale. Ils sont néanmoins pourvus d'un organe de phonation spécialisé, situé à la base de la trachée, la « syrinx ». Celui-ci comporte deux cavités, que les oiseaux utilisent simultanément pour produire des sons d'une extrême complexité.

Cigne plumage Isabelle

> Lorsqu'un prédateur menace leurs nids ou leurs *poussins*, *canes* et *poules de gallinacés* font semblant d'avoir une aile cassée, et, pour les en éloigner, elles entraînent leur poursuivant sur plusieurs dizaines de mètres, au risque de se faire attraper.

LA MIGRATION EN JUILLET

C'est le tout début de la migration postnuptial des limicoles, du *milan noir* et du *martinet noir*. Bizarrement, chez certaines espèces comme le *coucou*, les adultes partent avant les juvéniles. Avant la migration, les oiseaux doivent accumuler des réserves d'énergie sous forme de graisse, qui vont leur permettre de faire face aux efforts intenses du voyage. Pour acquérir ces réserves énergétiques, les oiseaux doivent trouver des aliments en abondance. Quand les conditions sont idéales, la prise de poids est très rapide. Certains *gobe-mouches* noirs du nord de l'Europe s'engraissent en Espagne et au Portugal avant de traverser la Méditerranée et le Sahara. À raison de vingt-cinq à trente décigrammes de graisse par jour, il leur faut quatre à cinq semaines pour acquérir les stocks nécessaires. Le phragmite des joncs qui pèse normalement dix à douze grammes peut doubler de poids avec la graisse, ce qui lui permet de voler une bonne centaine d'heures. La *fauvette babillarde* qui pèse généralement environ dix grammes peut atteindre dix-huit grammes avant son départ en migration.

LES VENTS

Le vent de secteur est constitue indéniablement le plus favorable aux déplacements des limicoles vers le sud, suivi de près par celui de nord-est. Les moins bons sont ceux de sud-ouest et d'ouest.

À OBSERVER

Les cygnes ne sont pas des voisins tolérants, n'hésitant pas à noyer canetons et jeunes poules d'eau qui s'approchent de leur nid. En grand nombre, affectionnant les pousses de phragmites, les cygnes causent également de sérieux dégâts dans les roselières.

Les signes sont intolérants

Les grands animaux étaient tellement abondants au Tchad, et les besoins du ravitaillement si impérieux, qu'on pouvait y chasser dans des conditions toutes différentes que de nos jours. En chassant dans le paradis cynégétique que représentait cette partie de l'Afrique, je réalisais un rêve enfanté, comme une pure chimère, par mon imagination de gamin, puis de jeune homme…

Louis Georges

ÉMOTIONS DE CHASSE *par Pierre Elby*

LA BARAKA

Il était impératif d'arriver avant l'aurore à la Voie de Rue, non loin de Saint Firmin, pour s'installer au meilleur endroit du jour sur ces mille hectares de dunes qui appartenaient à mon père, devenues depuis la réserve du Marquenterre. À marée basse, je roulais à toute vitesse sur le sable avec ma Citroën DS, le véhicule idéal pour pratiquer ce genre de sport. En fonction des vents, nous nous arrêtions à l'endroit déterminé par Louis. L'arrivée en baie de Somme était toujours un instant merveilleux. Pour éviter de nous enliser dans le sable humide, je sortais deux planches de bois de mon coffre que je glissais sous les roues avant de ma voiture. Il nous restait ensuite à sortir et à installer notre hutte au carré composée de toiles de couleur grise. Tendue par des cordes et des piquets plantés dans le sable comme une tente, elle devait résister au vent d'est parfois très violent. Notre hutteau monté, j'allais vite garer ma voiture au sec, au loin. De retour, quel était mon plaisir de me glisser à l'intérieur du hutteau. En regardant le jour se lever sur la petite église de Saint-Firmin de Tourmont, dans cette nature vivante par les marées, nous passions des moments de bonheur à discuter de tout. À la pique du jour nous apparaissait vibrante la pointe du Hourdel. Alors, dans cet horizon gris étalé comme un lac, là où le sable et la vase mélangent leurs odeurs à l'iode de la mer, nos farfadets siffleurs surgissaient de la nuit. Bien avant de les apercevoir, nous percevions leurs sifflements, ces chansons de l'aurore qu'ils s'échangeaient en secret. Pour les faire approcher, nous les sifflions, imitant à la perfection leurs cris. J'étais imbattable pour parler pied rouge, maubèche, pluvier, courlis ou coteret. Cet art de savoir converser dans cette langue-là, demande des années de vie commune.

AOÛT
2022

AOÛT

LUNDI	MARDI	MERCREDI	JEUDI	VENDREDI
sem. 30 ALPHONSE 1	JULIEN-EYMARD 2	LYDIE 3	JEAN-M. VIANNEY 4	◐ ABEL 5
sem. 31 DOMINIQUE 8	AMOUR 9	LAURENT 10	CLAIRE 11	○ CLARISSE 12
sem. 32 ASSOMPTION 15	ARMEL 16	HYACINTHE 17	HÉLÈNE 18	◑ JEAN EUDES 19
sem. 33 FABRICE 22	ROSE DE LIMA 23	BARTHÉLÉMY 24	LOUIS 25	NATACHA 26
sem. 34 SABINE 29	FIACRE 30	ARISTIDE 31	GILLES 1	INGRID 2

SAMEDI	DIMANCHE
TRANSFIGURATION 6	GAÉTAN 7
HIPPOLYTE 13	ÉVRARD 14
BERNARD 20	CHRISTOPHE 21
MONIQUE 27	CHRISTINE 28
GRÉGOIRE 3	ROSALIE 4

Du côté des livres

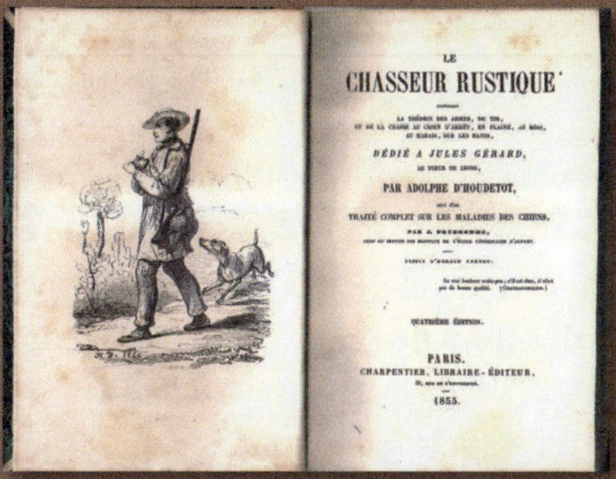

LE CHASSEUR RUSTIQUE

Adolphe Houdetot - 1852

La première édition du *Chasseur rustique* est parue en 1852. De nombreuses autres ont suivi. Adolphe d'Houdetot, c'est le roi de la dérision, le spécialiste des « petites histoires » anecdotiques et plaisantes à lire. Cet ouvrage, contenant une mine d'informations dont la plupart restent utiles aujourd'hui, constitue un guide complet du sportsman du dix-neuvième siècle. Ce livre, savoureux à parcourir, fait découvrir au lecteur le monde rural de cette époque. Les éditions qui datent d'avant 1920 sont aujourd'hui très rares et de plus en plus chères. Les récentes restent très abordables, autour d'une vingtaine d'euros.

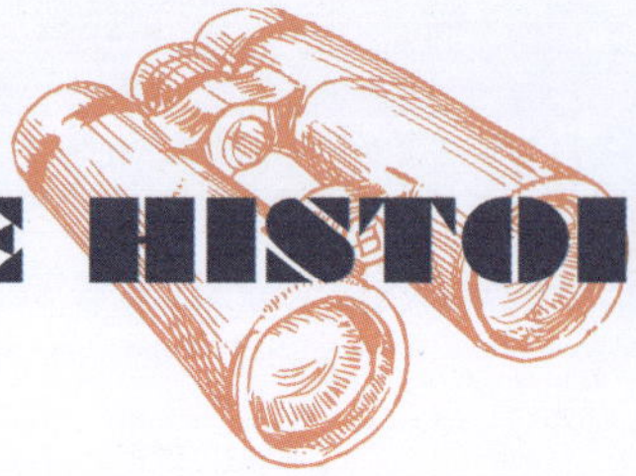

Délivrance !

Rien ne prédestinait Winnie à venir s'exiler en Sologne. Par un pluvieux après-midi de déprime, Laureen, ma belle-fille, achète pour un prix déraisonnable une boule de poils dans une de ces boutiques de Paris qui commercialisent des chiens de prétendues races, originaires le plus souvent des pays de l'Est.

Laureen est opticienne, un métier qui l'accapare et qui exige sa présence à plein temps dans sa boutique. Au fil des jours, très désappointée, il lui paraît évident que laisser une chienne pleine de vie seule dans un appartement toute une journée est un mauvais plan. Une décision importante s'impose. Ma belle-fille, le cœur déchiré, doit se séparer de sa chienne ! Heureusement, Martine, sa mère, qui a anticipé le problème, lui fait part qu'elle accepte bien volontiers d'adopter Winnie et se propose de transformer les promenades tardives habituelles au Bois de Boulogne de la Person Russel, par d'autres, beaucoup plus attrayantes, dans la campagne de la Sologne des étangs.
Il faut dire que Winnie, une femelle Parson Russel d'un an particulièrement petite pour sa race, minuscule même pourrait-on dire, est une chienne joyeuse, frétillante de vie, possède un tempérament de feu, qu'accompagne une soif de vivre et d'amour qui la rend plus qu'attachante.
Alors, un samedi matin, Laureen nous apporte Winnie chez nous, en Sologne. La gorge nouée, elle repart le dimanche soir, seule.
Winnie, c'est une grande lécheuse. L'affection et l'attachement qu'elle porte à sa nouvelle maîtresse sont immédiats. Cerise sur le gâteau, pour son plus grand bonheur, elle trouve dans sa nouvelle demeure deux autres chiens. D'abord, Jacka, une épagneule breton de sept ans, remarquable bécassière, et Lola, une Jack Russel achetée trois ans auparavant par Laureen dans la même animalerie, qui devient immédiatement son idole. Entre eux deux, la complicité, les jeux, les courses à se poursuivre, et les « c'est moi qui tiens le bout de bois » se déroulent sans interruption, jusqu'au moment où l'une s'arrête, exténuée. En vérité, Winnie, découvre un morceau de paradis, qu'aucun chien vivant dans une grande ville ne peut imaginer, même dans ses rêves les plus fous.
Les longues journées de solitude à attendre enfermée, font place maintenant à deux, parfois trois longues promenades où elle surprend, interloquées, faisans, perdreaux, chevreuils, et… lapins. Ah, le lapin ! Voilà son grand coup de cœur. Son odeur l'enivre, et le voir courir devant elle l'excite comme ce n'est pas possible. Avec le lapin, elle découvre que la chasse, et bien c'est une vraie raison de vivre pour un petit chien.
Il est indéniable que Martine adore ses chiens. Alors, n'hésitant pas à leur faire plaisir, elle sélectionne les endroits où elle sait trouver quelques garennes. Justement, mon épouse les emmène ce jour-là dans un parc complètement clos de quatre hectares proche de Salbris, toujours exceptionnel par la densité des « Jeannots » qui le fréquentent. Dans cet endroit, les chiens peuvent s'en donner à cœur joie, leurs promenades étant autorisées par le propriétaire qui est un ami très proche.
Winnie, et ses deux copines arrivent donc toutes frétillantes dans cet éden. Comme d'habitude, une multitude de culs-blancs détalent dans tous les sens. Il y en a partout ! Justement, Winnie en découvre un qui ose démarrer devant son nez. Dans la seconde qui suit, elle poursuit le lapin de toutes ses forces. La course qui est acharnée, mais courte, s'achève lorsque le garenne rentre sans ralentir dans un terrier. Sans hésiter, Winnie s'y engouffre à son tour. En se tortillant, sa petite taille lui permet de se faufiler dans la galerie. Winnie se retrouve dans une obscurité complète, mais excitée par l'odeur enivrante du garenne

qu'elle sent proche de son museau, elle continue à le suivre. En rampant, la petite chienne s'enfonce sous terre. Peu à peu, le boyau se rétrécissant de plus en plus, arrive un moment où la chienne éprouve des difficultés à avancer. Inquiète, elle se sent coincée. Cette sensation l'oppresse. Inquiète, Winnie commence à reculer doucement, mais là, c'est le drame ! Ses pattes arrière libèrent une grosse racine d'acacias, qui vient obstruer le passage vers la sortie…

Martine est inquiète ! Winnie a disparu depuis une bonne demi-heure, ses appels répétés restant vains. Le parc étant clos, il lui semble improbable que sa chienne soit sortie. Par contre, Lola est agitée et très énervée. Elle gémit en tournant en rond. Brusquement, sans écouter sa maîtresse, elle démarre comme une flèche et parcourt une centaine de mètres pour s'arrêter devant une gueule de terrier. Puis, comme une forcenée, elle commence à gratter et à creuser, tout en gémissant. Et pendant tout ce temps, toujours pas de Winnie. La maîtresse connaît parfaitement Lola, et jamais elle ne l'a vu dans cet état. De plus en plus soucieuse, elle s'interroge sur les causes de l'excitation de Lola qui semble comme folle à creuser la terre et arracher les racines qui la gênent avec ses crocs. Brusquement, une évidence apparaît clairement à Martine. Winnie se trouve coincée dans ce terrier.

Complètement angoissée maintenant, mon épouse court pour demander de l'aide à Claude, le gardien du parc qu'elle connaît bien et dont la maison se trouve en bord de Sauldre. Par chance, Claude, qui est un spécialiste de la chasse sous terre, se trouve chez lui, ainsi qu'un de ses fils. En quelques mots, Martine décrit la situation. Les deux hommes réagissent instantanément. Ils se munissent de pioches, et de pelles, puis ils se précipitent devant le terrier où Lola est toujours là à gratter. La petite chienne a un peu éclairci l'entrée du terrier, mais le renfort est le bienvenu. Après avoir demandé du silence, Claude pose une oreille sur le sol, et essaie, sans succès, de localiser Winnie. Aussitôt, les deux hommes se mettent à l'ouvrage. Sans Lola, jamais ils n'auraient su vers quelle galerie ils doivent se diriger. Quand les déterreurs se trouvent devant plusieurs boyaux, Martine libère Lola, impatiente d'aller gratter, elle aussi. D'un simple coup de nez, elle trouve sans hésiter le bon goulet, tout en se mettant à élargir avec rage la galerie. Pour ne pas prendre le risque de blesser Winnie d'un coup de pioche, les deux hommes avancent maintenant précautionneusement. Ils sont en sueur, mais sans marquer le moindre découragement, ils continuent leur travail de terrassier. Lola ne les quitte pas des yeux. Assise à quelques mètres, elle donne l'impression de superviser les opérations. Pendant une petite pause, elle se faufile devant le trou, puis elle se met à gémir, tout en remuant la queue. Claude se précipite, la pousse, s'allonge dans le trou béant, glisse son bras dans le tunnel et annonce, « Elle est là, ça y est, je la sens, elle est vivante ». Du bout de ses doigts, il touche la racine et comprend ce qui a immobilisé Winnie. À l'aide de son couteau, il sectionne la racine, saisit la queue de Winnie, pour enfin, la sortir délicatement du terrier, couverte de terre. À cet instant, vous ne pouvez pas imaginer la joie et l'euphorie ! Martine, les larmes aux yeux, embrasse les déterreurs, pendant que Lola fait une fête d'enfer à Winnie qui s'ébroue. C'est l'allégresse.

Claude, tout sourire, propose de fêter l'évènement en prenant le verre de l'amitié. Tout en se dirigeant vers sa maison, c'est à qui racontera ses émotions, et les tourments de cette aventure.

À mi-chemin, Martine s'arrête brusquement en poussant un énorme « Oh non ! Pas ça. »

Winnie et Lola sont en train de courser un lapin qui détale devant elles.

Le lapin pénètre sans ralentir dans un terrier…

Winnie le suit !

2020 - FUSION DE L'ONCFS ET DE L'AFB

L'OFB, pour Office français de la Biodiversité, est un établissement public né de la fusion au 1er janvier 2020 entre l'ONCFS (Office National de la Chasse et de la Faune Sauvage) et l'AFB (Agence française pour la Biodiversité), dont le site web disparaîtra le 31 mars 2021. Unir ces deux établissements dans la lutte pour la protection de la nature devrait permettre de rassembler des expertises sur les milieux aquatiques, terrestres et marins et de faire front commun contre les menaces qui pèsent sur la biodiversité en France. Regrouper ces deux entités, dont les agents sont implantés sur l'ensemble de l'hexagone et dans les outre-mer, c'est aussi assurer un ancrage solide dans les territoires pour agir à l'échelle locale.

Malgré les négations véhémentes d'Olivier Thibault après sa nomination en 2016, nouveau secrétaire général de l'ONCFS, affirmations que nous avions publiées dans l'Almanach du Chasseur, le couperet est tombé. En 2020, l'ONCFS a fusionné avec l'AFB, pour Agence française de Biodiversité. L'AFB a été créée le 1er janvier 2017, sous le gouvernement Hollande, par la loi du 8 août sur la reconquête de la biodiversité, de la nature et des paysages. L'AFB regroupe l'Onema (Office national de l'eau et des milieux aquatiques), l'Établissement public des parcs nationaux, l'Agence des aires marines protégées et le groupement d'intérêt public ATEN, soit environ mille deux cents personnes (dont neuf cents de l'Onema).

L'AFB est un établissement public de l'État, créé par la loi 2019-773 du 24 juillet 2019, qui contribue, s'agissant des milieux terrestres, aquatiques et marins, à la surveillance, la préservation, la gestion et la restauration de la biodiversité ainsi qu'à la gestion équilibrée et durable de l'eau en coordination avec la politique nationale de lutte contre le réchauffement climatique. En clair, l'OFB aura pour mission de défendre l'écologie, ce qui semble être en soi une bonne chose. Il est malheureusement largement avéré que plusieurs de ses dirigeants sont issus d'associations écologistes anti-chasse. Le président de l'AFB, Hubert Reeves, qui prône le végétalisme, et le directeur de l'AFB, Christophe Aubel, tous deux respectivement président et ancien directeur du ROC (Rassemblement des Opposants de la Chasse), qui est devenue en 2011 « Association Humanité et biodiversité », pour être plus fréquentable.

LES FORCES DE L'OFB

- Deux mille huit cents agents (dont mille neuf cents dans les entités territoriales en hexagone et dans les outre-mer)

- Des directions nationales et régionales et leurs services territoriaux aux actions complémentaires et fortement imbriquées qui sont implantées dans l'hexagone et les outre-mer.

- Neuf parcs naturels marins et le sanctuaire de mammifères marins Agoa, aire marine protégée créée en 2010 par déclaration de la France et reconnue au titre du protocole SPAW (*Specially Protected Areas and Wildlife*) de la convention de Carthagène en 2012

- Vingt-six réserves naturelles

Agent de l'ONCFS

une quinzaine d'agents de l'OFB accompagnés d'une petite centaine de gendarmes et d'un escadron de gendarmes mobiles venus de Melun, qui ont déferlé dans les marais avec casques, boucliers, fusils-mitrailleurs et herses pour ne trouver, en fin de compte, aucun contrevenant. En fait, cet évènement, qui a coûté du temps et de l'argent, aurait été bien mieux utilisé ailleurs. Par contre, il fait bien comprendre aux chasseurs que les vrais dirigeants de l'OFB, aujourd'hui, c'est le ministère de la Transition écologique et solidaire, en clair, le ministère des anti-chasses ! Les chasseurs subissent, depuis la création du ministère de l'Écologie en 1971, ministres et secrétaires d'État, issus principalement d'associations politiques écologiques, qui se hâtent une fois nommés d'imposer leur vision d'une société qui n'est pas la nôtre. Qui se souvient d'Alain Bombard, d'Huguette Bouchardeau, de Brice Lalonde, de Dominique Voynet, d'Yves Cochet, de Serge Pelletier, de Nelly Olin… et de Nicolas Hulot ? Tous ceux qui n'ont jamais accepté et compris que les vrais protecteurs de la nature, ce sont les chasseurs !

L'OFB EST-IL DEVENU LE BRAS ARMÉ DU MINISTÈRE DE LA TRANSITION ÉCOLOGIQUE ?

Comme il vient d'être donné aux sauvaginiers de constater en baie de Somme, en baie de Seine et en Flandre, l'OFB est devenu le bras armé du ministère de la Transition écologique. Ses deux dirigeantes, Barbara Pompili et Bérangère Abba n'ont qu'un seul but en tête ; réduire ou mieux, supprimer la plupart de nos pratiques de chasse. Au cours du second confinement, le jeudi 12 novembre 2020, sur ordre du ministère désireux de vérifier son respect par les chasseurs, ce sont

▶ Alors, quelle sera la part représentative des chasseurs dans le nouveau conseil d'administration de l'OFB ? Elle sera très certainement bien minoritaire. Et puis, les gouvernements passent, et on ne peut pas présager de l'avenir. Voir la police de la chasse, financée en grande partie par les chasseurs, passer aux mains des opposants à la chasse est plus qu'inquiétant. Il est à craindre que ce nouvel organisme devienne rapidement un outil au service des écologistes, avec comme objectif unique d'entraver la liberté de chasser.

Fauconnerie Souvenirs et Prises insolites

par Aubin et Franck Tholliez
Équipage Cochet de Corbeaumont, « De joies et de pennes »

UNE MATINÉE DE RÊVE

Je longe un profond fossé, asséché et bordé de ronces sur ses flancs. « S'il part un faisan, nous sommes bien positionnés et Persée bénéficiera de la hauteur », me dis-je en frappant les ronces. Froissement d'ailes, je lance Persée au-dessus des ronces et vois une bécasse monter sur queue ; trop tard, l'autour est déjà sur elle et retombe avec la belle mordorée ; je suis fou de joie. Égoïste que je suis, je récupère la bécasse pour moi et reprends la chasse. En longeant un bois, je fais partir un lapin ; le bois est très dense et je ne peux rien voir. J'entends frapper la terre puis à nouveau les sonnettes ; ça repart… plus rien ! Je prends mon temps et finis par retrouver mon oiseau les ailes écartées, à cent cinquante mètres du point de lâcher. « Parfait, elle a pris son lapin. » Je m'approche, et qu'elle est ma surprise de constater que ce lapin n'est autre qu'un lièvre pris à la tête et parfaitement maîtrisé. Une matinée de rêve !

VOL SUR GLACE

Il gèle depuis une semaine. Je vole sur un nouveau territoire que mon ami Greg a obtenu. Persée est très agressive et demande le départ sans que je voie quelque chose. Je lui fais confiance et la laisse filer en direction d'un étang gelé à environ cent mètres de moi. Elle accélère, je ne vois toujours rien ; elle vole maintenant au-dessus de l'étang et fait prise. Je pense à une poule d'eau, mais aussitôt j'entends le lièvre crier. J'accours, mais ne peux rien faire, car le capucin est bien pris à la tête, mais en plein milieu de l'étang ! Pour une fois, je suis heureux de le voir se décrocher au bout d'une minute interminable.

RÉUNION ANFA 2011

Mivoisin. Nous sommes sur un magnifique domaine privé d'une des nombreuses connaissances de Rémy. Je suis accompagné de Jacques Gavois, pour qui c'est la première réunion. En fin de matinée, nous traversons une sapinière et l'autour se retourne sur un roncier. « Là, il y a un lièvre ! » J'avance doucement, ça bourre… L'autour jaillit et je vois avec horreur un chat sauvage courir sous les ronces ; il sort à découvert et ne fait pas dix mètres, Persée l'empiète fermement. Je cours comme un fou, mais heureusement ma forme maîtrise parfaitement cette proie insolite, que j'arrive à décrocher avec l'aide précieuse de Jacques.

Le chat ne demande pas son reste et nous pouvons nous remettre de nos émotions. J'ai eu une chance énorme ; heureusement que Persée maîtrise la prise à la tête !

MISE À L'EAU

Début octobre. Je viens juste d'arriver sur le golf et me dirige en direction de l'étang ; une poule d'eau sortie de nulle part passe devant nous à vingt mètres. Persée la trousse, et, au lieu de tomber avec, l'emporte et traverse l'étang pour se poser au milieu de l'îlot ! Je fais le tour de l'étang, pas de barque. J'arrête un agent du golf qui m'indique qu'il y a deux mètres cinquante de fond ! Effectivement, j'ai rapidement de l'eau au-dessus de la taille et finis le reste de la traversée à la nage. Quel est ce drôle de golfeur qui joue en caleçon et en chaussettes ?

RÉUNION ANFA 2012 : MIVOISIN ENCORE !

C'est mon tour de voler ! La jeune chienne de Greg et celle de Sam sont à l'arrêt sur un buisson. Je le contourne pour être face aux chiens. J'avance d'un pas, et un lièvre démarre en direction des chiens. L'autour passe au-dessus du buisson et fait prise entre les deux chiens. Tout le monde crie, et pour cause, ce n'est pas un lièvre, mais un marcassin ! La jeune chienne fait lâcher l'autour et Aubin se jette sur ce lièvre rayé aux cris si particuliers. Le temps d'un cliché et le voilà reparti dans les buissons. Que me réserve la prochaine sortie à Mivoisin ?

LE MONDE ÉTONNANT DES OISEAUX EN AOÛT

> Le *coucou* est prêt à rejoindre son site d'hivernage. Il a la particularité d'être le seul oiseau à avaler des chenilles processionnaires aux poils vésicants.

Coucou en vol

> Le *bruant ortolan* est une espèce totalement migratrice et la France est une voie de migration importante pour les populations du nord-ouest de l'Europe en route vers l'Afrique tropicale. Le département de la Vienne accueille la plus importante population du Centre-Ouest de la France.

> Dans les plaines, le *busard Saint-Martin*, ventre blanc et bout des ailes noir, au vol louvoyant près du sol, ou encore perchés en groupe sur son dortoir, en début et fin de journée.

> Le *pic épeiche* qui cale les noix qu'il veut ouvrir dans des cavités naturelles ou spécialement creusées à la dimension de la noix à briser.

Fauvette des jardins

> La *fauvette des jardins* qui nous quitte pour entamer son voyage migratoire qui la conduira en Afrique tropicale et australe, en traversant océan et Sahara.

> L'*épervier d'Europe* en chasse possède cette faculté de louvoyer autour et dans les buissons, de faire du rase-mottes dans les prairies, de traverser un épais taillis ou de zigzaguer entre les troncs d'arbres à grande vitesse tout en collant aux obstacles.

LA MIGRATION EN AOÛT

Chez la plupart des espèces d'oiseaux, le régime alimentaire détermine la distance effectuée lors de leur migration. Les petits *passereaux* insectivores, comme *hirondelles*, *pouillots*, *martinets* et *fauvettes*, effectuent des migrations en moyenne deux à quatre fois plus longues que les *granivores*, telles que *gros-becs* ou *chardonnerets*. Les *passereaux* au régime alimentaire mixte, granivores et insectivores, comme le *rouge-gorge* ou la *fauvette à tête noire*, migrent à des distances intermédiaires entre ces deux groupes. De même, chez les *rapaces* du paléarctique occidental, les espèces migratrices qui se nourrissent d'animaux à sang chaud, tel que rongeurs, oiseaux et micromammifères, comme busards ou aigle botté, hivernent au nord du Sahara (dix-sept espèces), quand presque toutes celles qui se sustentent de proies à sang-froid (poissons, lézards, serpents) comme le *circaète Jean-le-blanc* ou le *balbuzard pêcheur*, hivernent au sud du Sahara (sept sur huit espèces). Chez les douze espèces pouvant alterner les deux types de proies, huit hivernent à la fois au nord et au sud du Sahara. Le vent de secteur est constitue indéniablement le plus favorable aux déplacements des limicoles vers le sud, suivi de près par celui de nord-est. Les moins bons sont ceux de sud-ouest et d'ouest.

LES VENTS

Les passages les plus significatifs s'observent avec les vents orientés à l'est, nord-est, est, sud-est. Peu ou pas de passage par vents d'ouest et de sud-ouest.

Oies cendrées

À OBSERVER

L'oie cendrée qui mue en été, perd les plumes de ses ailes pendant deux à trois semaines, au cours desquelles elle ne peut, pour ainsi, plus voler. Lorsqu'elle se fait surprendre par un prédateur, elle baisse son cou jusqu'au niveau du sol pour se cacher ou elle s'enfonce si profondément dans l'eau que seule sa tête reste visible.

Antoine, on ne t'oublie pas.

SOUS LA PLUME d'Alain PHILIPPE

DIRECTION ARTISTIQUE ET MAQUETTE : Line LÉVÊQUE

CRÉDITS :
PHOTOGRAPHIES - Shutterstock - Florian Weber – Alain Philippe – Fotolia – J.C. Lestringant - Laëtitia Chevalier – Jean-Pierre Lepetit – Serge Chevalier
ILLUSTRATIONS - Lamotte

CONCEPTION & RÉALISATION :
Ramsay Media, Établissement de Ramsay Diffusion
BP 57 - ZA des Pâtureaux
41200 Romorantin-Lanthenay

Édition Pélican, département éditorial de Ramsay Éditions
222, boulevard Pereire, 75017 PARIS
SIRET : 47828221300055

Imprimé en France par typolibris by Blue Angel Partner
8, rue Jean-Pierre timbaud - 75011 PARIS
Juillet 2021

ISBN : 978-2-3740-0193-7

Dépôt légal à parution